本书由首都经济贸易大学北京市属高校基本科研业务费
专项资金资助（项目批准号：01392254417046）

财税体制变动对居民消费需求的影响研究：理论分析与实证检验

孙 萌 著

西南财经大学出版社
Southwestern University of Finance & Economics Press
中国·成都

图书在版编目(CIP)数据

财税体制变动对居民消费需求的影响研究:理论分析与实证检验/孙萌著.
一成都:西南财经大学出版社,2023.5
ISBN 978-7-5504-5740-9

Ⅰ.①财… Ⅱ.①孙… Ⅲ.①财税—经济体制改革—影响—居民消费—研究—中国 Ⅳ.①F126.1

中国国家版本馆 CIP 数据核字(2023)第 062974 号

财税体制变动对居民消费需求的影响研究:理论分析与实证检验
CAISHUI TIZHI BIANDONG DUI JUMIN XIAOFEI XUQIU DE YINGXIANG YANJIU:LILUN FENXI YU SHIZHENG JIANYAN

孙萌　著

责任编辑:植苗
责任校对:廖韧
封面设计:何东琳设计工作室
责任印制:朱曼丽

出版发行	西南财经大学出版社(四川省成都市光华村街55号)
网　　址	http://cbs.swufe.edu.cn
电子邮件	bookcj@swufe.edu.cn
邮政编码	610074
电　　话	028-87353785
照　　排	四川胜翔数码印务设计有限公司
印　　刷	四川五洲彩印有限责任公司
成品尺寸	170mm×240mm
印　　张	9
字　　数	212 千字
版　　次	2023 年 5 月第 1 版
印　　次	2023 年 5 月第 1 次印刷
书　　号	ISBN 978-7-5504-5740-9
定　　价	58.00 元

前言

　　居民消费需求在经济发展中发挥着重要作用。2008 年国际金融危机爆发后，在外需不足、内需失衡的发展背景下，通过扩大居民消费需求来平衡内需结构、驱动经济增长成为推动经济可持续健康发展的重要着力点。习近平总书记在 2020 年召开的中央财经委员会第七次会议上，首次提出"新发展格局"这一重要概念；在党的十九届五中全会第二次全体会议上，全面阐释了构建新发展格局的重大意义、深刻内涵和工作着力点；在 2021 年召开的省部级主要领导干部学习贯彻党的十九届五中全会精神专题研讨班上，进一步对加快构建新发展格局做出系统论述。习近平总书记关于构建新发展格局的重要论述高屋建瓴、统揽全局，内涵丰富、博大精深，是习近平经济思想的重要组成部分，开拓了中国特色社会主义政治经济学新境界①。国内循环越顺畅，越能形成对全球资源要素的引力场，越有利于构建以国内大循环为主体、国内国际双循环相互促进的新发展格局，越有利于形成参与国际竞争和合作新优势②。扩大消费不仅是促进国内大循环的战略基点，也是顺畅国际外循

---

① 国家发展和改革委员会. 加快构建新发展格局 牢牢把握发展主动权［EB/OL］.（2022-09-02）［2023-02-27］. https://www.ndrc.gov.cn/fzggw/wld/mh/lddt/202209/t20220902_1334979_ext.html.

② 学而时习工作室. 习近平总书记这篇重要讲话首提"新发展格局"［EB/OL］.（2020-10-31）［2023-02-27］. http://www.qstheory.cn/zhuanqu/2020/10/31/c_1126682290.htm.

环的战略基点，是落实"双循环"战略部署的关键。值得注意的是，财税政策和财税体制在扩大内需方面发挥着重要作用。财税政策主要通过两种渠道影响居民消费：一是收入渠道。税收收入会影响居民的可支配收入，不同税种会通过不同经济行为的收益和成本，来影响居民的当期和跨期的消费行为。二是支出渠道。财政支出会影响企业的生产行为，特别是能够刺激私人资本投资，进而改变居民的储蓄和消费决策；政府消费也会对居民消费产生"挤入"或"挤出"效果。此外，财税体制中的政府间财政关系能够改变政府整体在经济中的作用，进而影响居民消费。可见，财税政策和财税体制能够对居民的消费行为产生多重影响。从扩大内需特别是消费需求的角度来看，研究财税政策变动以及财税体制改革对居民消费的影响，有助于我们更加全面地认识政府行为对经济发展的影响。

本书从理论和实证两个方面研究财税体制改革和财税政策变动对居民消费的影响，具有重要意义。在理论分析方面，本书在包含政府支出的内生增长框架下，分别将各税种的平均税率、财政支出结构和地方政府财政分权程度等内容引入一般动态均衡模型中，分析不同制度安排对居民消费率的影响，并对影响机制进行阐释。在实证检验方面，本书以跨国面板数据、中国省级面板数据和中国县级面板数据为基础，合理测算了各税种的平均有效税率、财政支出结构和地方政府财政分权程度，根据理论分析进行实证检验，实证结果均较好地支持了理论结论。

结合理论分析和实证检验，本书得出了三个方面的结论：一是消费税和资本税税率提高导致居民消费率下降，劳动税税率提高在较大的数值范围内导致居民消费率下降；二是财政生产性支出的增加会带动产出的扩大并挤出私人消费，因此提高财政生产性支出比重会降低居民消费率；三是地方政府财政分权程度与居民消费率之间存在正"U"形关系，即随着地方政府财政分权程度的增加，居民消费率先降低，但超过一定程度后居民消费率会逐步上升。

综上所述，本书综合应用跨国面板数据、中国省级面板数据和中国县级面板数据有力支持了理论分析结论，提出能够扩大居民消费的财税体制调整方向，系统分析财税体制与居民消费之间的内在规律，为建立现代财政体制提供理论参考与经验证据。其主要研究意义体现在四个方面：一是系统探讨了财税体制和政策对居民消费的影响，具有重要的理论价值。本书提供了一个统一的分析居民消费率的分析范式，即如何利用动态一般均衡分析框架研究财税体制和政策对居民消费的影响。在分析中，本书引入税制结构因素、财政支出结构因素和财政分权因素，并通过动态优化以及数值模拟或静态比较分析法得出相关因素与居民消费率之间的关系。二是有助于从扩大居民消费角度优化财税体制与财政政策。本书重在厘清财税体制与居民消费的关系，既有利于探索财政政策在扩大居民消费、改善需求结构方面是否可以有所作为，也有利于防止政府在使用财政政策工具时的短视行为，如通过扭曲经济内部资源配置换取短时期内经济总量增长，为日后需求结构失衡埋下隐患。三是从居民消费率入手，从内需结构的角度出发关注居民消费的不足，具有现实必要性。首先，消费在需求中具有特殊地位。投资、消费、出口是驱动中国经济增长的"三驾马车"，但是三者之间并不是完全等同且可以互相替代的，只有三者维持合理结构，才能使经济持续健康发展。因此，关注居民消费率，能够更直观地展示结构问题。其次，满足居民需求，增强群众的获得感是我们重要的政策目标之一。通过居民消费率衡量居民消费，能够有效地捕捉居民生活水平上涨是否同步于经济增长。四是加深了对政府财政行为与居民消费行为之间关系的理解。财税体制和财税政策从本质上都反映了政府的财政行为，因此在社会主义市场经济体制日益完善的今天，探讨政府的财政行为对居民消费行为的影响，有助于我们更好地处理政府与市场之间的关系。

本书的研究框架包括四个部分：第一部分是研究准备，为相关研究奠定基础（第 1 章、第 2 章和第 3 章）；第二部分是理论研究，就财税体制和政策对居民消费的影响展开理论分析（第 4 章、第 5 章和第 6 章的理论研究部分）；第三部分是实证分析，根据理论分析结论，在研究测算税制结构、财政支出结构和财政分权程度的基础上，运用多种实证方法展开实证检验（第 4 章、第 5 章和第 6 章的实证分析部分）；第四部分是研究结论，总结全书内容并提出政策建议（第 7 章）。

因为时间和作者水平等各方面的限制，书中难免有不足之处，敬请广大专家读者批评指正。

孙萌

2023 年 3 月 15 日

目录

1 引言

1.1 研究背景与研究意义

1.1.1 研究背景

1.1.1.1 宏观背景

内需尤其是消费需求在经济发展中占有重要地位。消费既是生产的目的，又是刺激新一轮经济增长的重要动力。提高居民消费的规模和质量，有利于形成新的增长极。对于我国而言，人口规模庞大、国土空间广阔，蕴含着庞大的市场需求和消费潜力。作为拉动经济增长的"三驾马车"，随着经济发展水平和国内外需求结构的变化，消费的相对重要性不断增强。特别是进入新时期以来，经济发展进入新常态，扩大内需在驱动经济增长方面的作用日益突显。

从国际来看，当前世界仍处于国际金融危机后的深度调整期，经济增长持续放缓，跨境贸易和投资明显减少，全球需求减弱，地缘政治复杂多变，全球动荡之源和风险点显著增多，对中国的出口贸易带来负面影响。从国内来看，随着经济发展逐步进入转变发展方式、优化经济结构、转换增长动力的攻关期，消费已经超过投资和出口，成为驱动经济增长贡献度最大的因素。在外需驱动不足、内需结构调整的背景下，能否扩大居民消费成为经济能否持续健康发展的关键。

财税政策和财税体制在扩大内需方面发挥着重要作用。财税政策主要通过两种渠道影响居民消费：一是收入渠道。税收收入会影响居民的可支配收入，不同税种会通过不同经济行为的收益和成本，来影响居民的当期和跨期的消费行为。二是支出渠道。财政支出会影响企业的生产行为，特别是能够刺激私人资本投资，进而改变居民的储蓄和消费决策；政府消费也会对居民消费产生"挤入"或"挤出"效果。此外，财税体制中的政府间财政关系能够改变政府整体在经济中的作用，进而影响居民消费。可见，财税政策和财税体制能够对居民的消费行为产生多重影响。从扩大内需特别是消费需求的角度来看，研究财税政策变动以及财税体制改革对居民消费的影响，有助于我们更加全面地认识政府行为对经济发展的影响。

1.1.1.2 政策背景

党的十八大以来，党中央和国务院高度重视消费在经济发展中的重要作用。党的十八大报告提出，要使经济发展更多依靠内需特别是消费需求拉动，并要牢牢把握扩大内需这一战略基点，加快建立和完善扩大居民消费长效机制，释放居民消费潜力，保持投资合理增长，扩大国内市场规模。党的十九大进一步提出，要在中高端消费、创新引领、绿色低碳、共享经济、现代供应链、人力资本服务等领域培育新增长点、形成新动能，要完善促进消费的体制机制，增强消费对经济发展的基础性作用。这一系列政策目标和改革方向的提出，反映出随着支撑经济高速增长的传统动力微弱，消费在经济发展的基础作用逐步受到重视。促进消费并更好地发挥消费的带动作用，成为我们适应、把握、引领新常态以及有效应对国内外重大挑战的重要切入点；而推动财税体制改革，则是促进消费的重要举措。

党的十八届三中全会提出，财政是国家治理的基础和重要支柱，科学的财税体制是优化资源配置、维护市场统一、促进社会公平、实现国家长治久安的制度保障。我国必须完善立法、明确事权、改革税制、稳定税负、透明预算、提高效率，建立现代财政制度，发挥中央和地方两个积极性。这从国家治理的战略高度为未来的财税体制改革指明了方向。党的十九大报告进一步提出，要加快建立现代财政制度，建立权责清晰、财力协调、区域均衡的中央和地方财政关系；建立全面规范透明、标准科学、约束有力的预算制度，全面实施绩效管理；要深化税收制度改革，健全地方税体系。新的战略部署从政府间财政关系、预算制度改革、税制改革等方面进一步提出了新的要求。财税体制改革作为推进国家治理体系和治理能力现代化的重要组成部分，同样也是促进消费、扩大内需的关键举措。无论是规范政府间财政关系，还是优化税制结构和财政支出结构，都能对居民消费产生重要影响。在经济转型迫切性加大、消费需求驱动作用日益凸显的背景下，研究财税体制改革对居民消费的影响，有助于我们从更为宏观的视角看待财税体制的改革举措，有助于我们从更为全面和长远的角度判断改革措施的经济影响。

1.1.2　研究意义

本书从理论和实证两个方面研究财税体制改革和财税政策变动对居民消费的影响，具有重要意义。理论方面，本书在以往研究的基础上，以居民消费率（居民消费产出比）为主要研究对象，利用包含政府支出的内生增长模型构建动态一般均衡分析框架，系统地研究税制结构、财政支出结构和财政分权对居民消费率的影响，并就背后的影响机制及其经济学含义展开分析。实证方面，本书综合应用跨国面板数据、中国省级面板数据和中国县级面板数据等多方面数据，测算了要素平均有效税率、财政支出结构和地方政府财政分权程度，进而采用多种计量方法展开实证分析，验证理论分析结论的正确性。

具体而言，本书的研究意义主要体现在以下四个方面：

第一，系统探讨了财税体制和政策对居民消费的影响，具有重要的理论价值。本书提供了一个统一的居民消费率的分析范式，即如何利用动态一般均衡分析框架研究财税体制和政策对居民消费的影响。在分析中，本书引入税制结构因素、财政支出结构因素和财政分权因素，并通过动态优化以及数值模拟或静态比较分析法得出相关因素与居民消费率之间的关系。本书的分析范式为研究其他影响因素对居民消费率的影响提供了有益借鉴。

第二，有助于从扩大居民消费角度优化财税体制与财政政策。本书重在厘清财税体制与居民消费的关系，既有利于探索财政政策在扩大居民消费、改善需求结构方面是否可以有所作为，也有利于防止政府在使用财政政策工具时的短视行为，如通过扭曲经济内部资源配置换取短时期内经济总量增长，为日后需求结构失衡埋下隐患。此外，随着经济增速减弱，大规模减税政策的运用使得财政政策在总量方面的政策空间逐渐收紧。下一阶段，财税体制要在结构上精细化，使有限的财政资源发挥更积极的作用，本书研究成果对于这种结构上的调整有一定启发。

第三，从居民消费率入手，从内需结构的角度出发关注居民消费的不足，具有现实必要性。首先，消费在需求中具有特殊地位。投资、消费、出口是驱动中国经济增长的"三驾马车",但是三者之间并不是完全等同且可以互相替代的,只有三者维持合理结构,才能使经济持续健康发展。因此,关注居民消费率,能够更直观地展示结构问题。其次,满足居民需求,增强群众的获得感是我们重要的政策目标之一。通过居民消费率衡量居民消费,能够有效地捕捉居民生活水平上涨是否同步于经济增长。

第四,加深了对政府财政行为与居民消费行为之间关系的理解。财税体制和财税政策从本质上都反映了政府的财政行为,因此在社会主义市场经济体制日益完善的今天,探讨政府的财政行为对居民消费行为的影响,有助于我们更好地处理政府与市场之间的关系。

1.2　研究方法与研究思路

1.2.1　研究方法

根据研究目标和研究任务的不同,本书的研究方法主要包括定性分析与定量分析相结合、理论分析与实证分析相结合两个方面。

1.2.1.1　定性分析与定量分析相结合

定性分析的关键在于理清问题的本质。本书的研究目标在于系统梳理财税体制的重要特征与居民消费率之间的关系,探索通过财税体制改革扩大居民消费的可能性,为解决中国目前存在的居民消费率过低、需求结构失衡提供理论依据与实证证据。考虑到中国特有的居民消费率现象,定性分析法可以有助于理清现象背后的逻辑,是保证后续分析贴近中国实际、解决中国问题的基础。

定量分析以统计与回归分析为主。选取或设计合理的指标以反映居民消费的特征,是定量分析的前提和基础。本书重点关注的核心变量为居民消费率,该变量有别于居民消费总量,反映的是居民消费相对于经济总量的多寡,是一个反映需求结构的常见指标。围绕居民消费率,有助于解释居民消费率变化情况的其他变量,本书采用的分析方法主要包括静态比较分析和动态趋势分析两种。其中,前者用于探索同一指标不同研究对象之间的相对差异,后者用于解释动态演变规律。

1.2.1.2　理论分析与实证分析相结合

在理论分析方面,本书主要运用内生增长模型的一般动态均衡框架,利用数值模拟以及静态比较分析方式，研究在均衡增长路径下，不同重要财税体制特征对于居民消费率的影响。在研究税制结构与居民消费率时，我们将各类税种同时纳入统一模型内，由于无法获得显式解，因此利用数值模拟进一步分析不同税率对于居民消费率的影响。在研究财政支出结构与财政分权时，我们通过在模型中以恰当方式引入指示财政支出结构与地方政府财政分权程度的变量，并通过动态优化过程得到均衡状态下该变量与居民消费率之间的数量关系，再进行静态比较分析获得理论分析的直观结果。

在实证分析方面，本书立足于宏观数据，并采取多种统计分析方法来获取直观的经验证据。实证分析的要点包括两个方面：一是度量政府的平均税率、财政支出结构和财政分权程度，这也是后期实证分析正确性的基础；二是对于给定的理论假说和研究观点，采用适合的实证分析方法，获得稳健可信的实证结果，并对其结果进行恰当解释。

1.2.2　研究思路

本书的研究任务，是系统地研究财税体制改革和财税政策变动对居民消费需求的影响。居民消费在我国经济发展中扮演着重要角色。党的十九大报告提出，要完善促进消费的体制机制，增强消费对经济发展的基础性作用；要加快建立现代财政制度，建立权责清晰、财力协调、区域均衡的中央和地方财政关系；要建立全面规范透明、标准科学、约束有力的预算制度，全面实施绩效管理；要深化税收制度改革，健全地方税体系。党的二十大报告继续强调，要加强财政政策和货币政策协调配合，着力扩大内需。上述内容均对政府间财政关系、预算制度改革、税制改革三个方面提出新的要求，是构建高水平社会主义市场经济体制工作的重要组成部分。为了更好地落实党的重大部署，本书从上述财税体制改革重点领域出发，探索财税体制与财政政策对居民消费的影响。

需要注意的是，由于预算制度改革与居民消费关联不大，本书将预算制度替换为财政支出结构。其替换的合理性，主要基于三点：第一，财政支出对居民消费的影响具有深厚理论基础；第二，财政支出是财政政策的主要作用途径之一，优化财政支出结构具有重要实践意义；第三，当前的财政支出结构需要进一步完善。

本书的逻辑思路见图1.1。

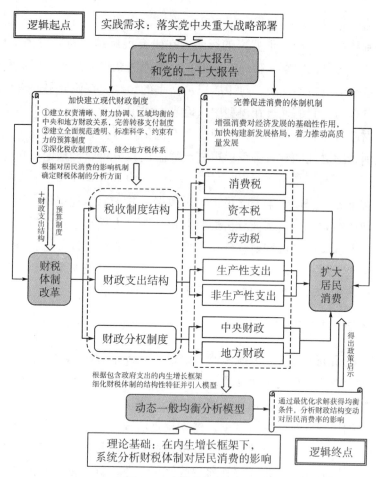

图 1.1　本书的逻辑思路

综上所述，本书将从税制结构、财政支出结构、财政分权三个方面建立财税体制改革与居民消费的关系。

本书的研究基础，建立在含政府支出的内生增长模型框架下。在税制结构方面，为了更加清晰地研究税收对居民消费的影响，本书从要素税收角度出发，将其分为消费税、资本税和劳动税；在财政支出结构方面，本书按照对生产活动作用的不同，将财政支出分为生产性支出和非生产性支出；在财政分权方面，本书研究了中央财政支出和地方财政支出的差异性影响。本书对这些细化的财税体制特征在已有模型的基础上进行理论分析与机制探索，并经过详实的数理推导以及实证分析，最终得到结论与启示，以达到提高居民消费的目的。

以上述逻辑思路为基础，本书的研究框架如图 1.2 所示。

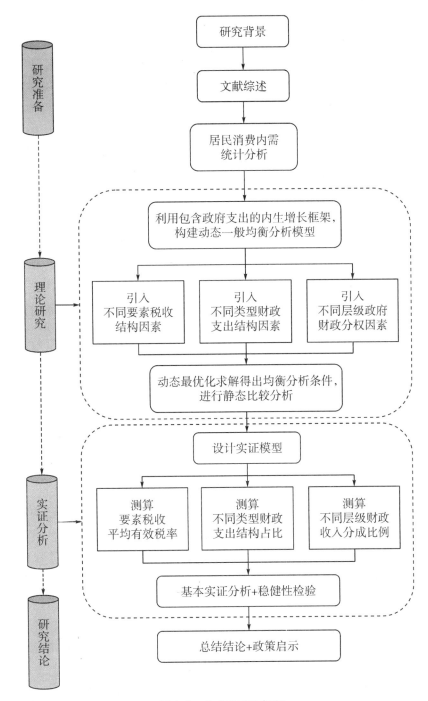

图 1.2　本书的研究框架

如图 1.2 所示，本书的研究框架主要包括以下四个部分：

第一部分是研究准备，为全书所做研究奠定基础，包括第 1 章、第 2 章和第 3 章。第 1 章从当前中国的经济发展背景出发，阐释研究的宏观背景、政策背景和研究意义，介绍本书的主要研究内容、创新点和不足之处。第 2 章以居民消费研究为主体，围绕影响居民消费的因素以及财税体制对居民消费的影响进行文献梳理。第 2 章首先对研究中国居民消费影响因素的文献进行综述，其次结合统计研究结果发现现有研究不足，以对居民消费特别是居民消费率的统计特征进行解释，而本书的研究结论在一定程度上可以对此进行补充。此外，文献综述部分还对文章涉及的三个重要的财税体制组成部分与居民消费之间的关系进行综述并进行文献评述，为后文理论与实证分析做好准备。第 3 章一方面对居民消费率进行描述性统计，明确了中国居民消费率现状；另一方面初步探索了三个重要的财税体制组成部分与居民消费率的相关关系，为后文研究奠定事实基础。

第二部分是理论研究，就财税体制和政策对居民消费的影响展开理论分析，包括第 4 章、第 5 章和第 6 章的理论研究部分。该部分统一在由 Barro（1990）提出的含政府支出的内生增长模型中，参考已有做法，逐一引入不同税种、财政支出结构、地方政府财政分权程度等变量，通过动态优化过程求解均衡路径上的居民消费率与税制结构、财政支出结构以及地方政府财政分权程度的关系，并根据方程的具体表现形式，选择数值模拟或静态比较分析方法得到最终结论。结果发现：①不同税种的税率对居民消费率均起到抑制作用；②政府财政生产性支出占比越高，居民消费率越低；③地方政府财政分权程度与居民消费率之间存在正"U"形关系。

第三部分是实证分析，根据理论分析结论，在研究测算税制结构、财政支出结构和地方政府财政分权程度的基础上，运用多种实证方法展开实证检验，包括第 4 章、第 5 章、第 6 章的实证分析部分。第 4 章借鉴 Mendoza 等（1994）对要素税率的测算方法，测算了 28 个经济合作与发展组织（Organization for Economic Co-operation and Development，OECD）成员 1965—2014 年的消费、劳动所得和资本所得的平均有效税率，并以此为基础进行了实证分析。实证结果不仅支持了上述理论判断，并揭示不同税种对居民消费率的抑制强度不同，即消费税强于资本税，资本税强于劳动税。第 5 章基于数据实际情况，综合使用中国省级面板数据和中国县级面板数据进行分析，在 2007 年之前使用县级面板数据进行分析，样本时间范围为 2002—2006 年；在 2007 年及以后使用省级面板数据进行分析。在实证方法上，除了基本的固定效应模型之外，我们还尝试使用 XTSCC 模型、更换因变量、分样本回归等方式进行稳健性分析，增强分析结果的可靠性。第 6 章主要使用中国县级面板数据进行固定效应模型分析，同时尝试使用 XTSCC 模型、更换因变量、分样本回归等方式进行稳健性检验，实证结果支持理论分析结果。

第四部分是研究结论，总结全书内容并提出政策建议，即第 7 章。

2 文献综述

2.1 中国居民消费需求影响因素

经典消费理论是研究消费问题的基石，主要包括绝对收入假说、相对收入假说、生命周期假说、持久收入假说、随机游走假说、流动性约束假说、预防性储蓄假说等。

多数学者使用中国数据对经典消费理论做出验证，发现该理论不足以解释全部的中国居民消费现象。中国的居民消费呈现出与其他国家较大的区别。20 世纪 90 年代以来，中国的居民消费率持续维持在较低水平，显著低于绝大多数国家。学者们从多角度进行阐释，尽管切入点不同，但总的来说都是某种因素通过经典消费理论中的一种或几种机制作用于居民消费。

2.1.1 居民收入

收入是解释居民消费最直接与最基本的因素。从收入来解释居民消费现象主要有两个角度：其一，收入的数量决定了居民可消费资源的总量，居民可支配收入不足将直接导致消费不足（方福前，2009；林文芳，2011）。其二，不同收入程度的居民消费倾向有差异，因此收入差距会影响整体居民消费水平。总体来说，学者们普遍认为缩小收入差距有助于整体社会消费水平的提高（杨汝岱 等，2007；娄峰 等，2009；汪伟 等，2011；韩立岩 等，2012）。

2.1.2 人口结构

人口结构对居民消费水平的影响基于不同人群的平均消费倾向不同这

一判断。除了收入水平以外，年龄与城乡差别是区分平均消费倾向最常见的划分标准。根据生命周期理论，人的一生不同阶段的收入水平起伏较大，因此人们会通过借款、储蓄等方式平滑消费。由于收入不足或没有储蓄动机，人在青少年时期和老年时期储蓄率较低，因此一个国家的人口年龄构成会影响整体消费倾向。而城乡之间存在种种差异，特别是在中国，城乡二元结构明显，无论收入水平、消费习惯、社会保障程度都有较大差别，因此国家内部的城镇化率也会影响整体消费水平。

从人口年龄结构来说，学者们主要研究老年抚养比或少儿抚养比对居民消费的影响，但结论并不一致。一部分学者不支持生命周期理论，他们大多认为少儿抚养比与消费是正向关系，老年抚养比与消费是负向关系，而不是生命周期理论认为的老年人不再储蓄，仅依靠消费年轻时的积蓄生活（李春琦 等，2009；张乐 等，2011；付波航 等，2013；毛中根 等，2013）。与之相反，另一部分学者发现，中国数据与生命周期理论提示的结果一致，老年人的消费倾向更高（王宇鹏，2011；祁鼎 等，2012）。也有一部分学者直接否定了年龄结构的作用，如李文星等（2008）发现中国老年抚养系数变化对居民消费的影响并不显著。

人口结构的另一个方面是城镇化率，相对于年龄结构，城镇化率对居民消费的影响机制十分复杂。例如，付波航等（2013）发现，城镇化进程通过提升居民消费能力、改变居民消费习惯和扩展消费领域等途径间接地提高了总体消费水平；刘厚莲（2013）发现，城镇化进程通过收入效应、人口结构效应、城乡联动效应三条路径影响居民消费需求；章元和王驹飞（2019）认为，城市规模扩大通过增加通勤成本，使得人们为了节省时间更多地购买服务。总体来说，学者们普遍认为城镇化进程推动消费上涨，但存在城乡差异（胡日东 等，2007；张书云 等，2010；陈斌开 等，2010；蒋南平 等，2011；雷潇雨 等，2014）。

2.1.3 流动性约束

流动性约束是指由于金融市场中存在着信息不对称以及政策因素的制约，信贷市场不完善，这会影响到交易成本以及贷款能力等，从而产生流动性约束。由于居民进行消费时，通常需要通过负债或自己拥有的流动性较强的资产进行购买，因此居民对于流动性强的资源的获取能力会影响居民消费。

流动性约束在中国的主要表现为，金融市场不发达导致居民和企业无法获得借款。这一方面会导致居民和企业预防性的增加储蓄（汪伟，2013）；另一方面，流动性约束也限制了居民大额消费的支出（臧旭恒 等，2012；李江涛 等，2018）。也有学者认为，在中国，流动性约束没有显著作用（唐绍祥，2010）。

2.1.4　不确定性

生命周期—持久收入理论认为居民消费与长期收入变化相关，但是对于发生的收入变化，居民并不一定能够判断其是否为长期的变化，由此通过居民预期的方式引入了不确定性，也因此，居民有预防性储蓄的动机。中国学者从预防性储蓄理论主要延伸出两个角度：其一是由养老、医疗、教育、失业等风险构成的社会保障角度，其二是由房价等构成的大额刚性支出角度。

在社会保障方面，学者们普遍认为，完善的社会保障体系通过降低不确定性有利于居民消费的提高（罗楚亮，2004；杨汝岱 等，2009；甘犁 等，2010；姜百臣 等，2010；方匡南 等，2013）。也有少数学者持反对意见，如杨天宇和王小婷（2007）从社会保障制度的变革降低了中国居民的资产替代效应以及现行社会保障体系具有等级性两个角度出发，认为社会保障支出将挤出消费。

在大额刚性支出方面，住房是最常被提及的话题。住房较其他物品有其特殊性，一方面它属于一次性支出较高的居民生活必需品，因此居民会减少消费筹备将来的购买计划；另一方面它也是一种资产，随着房价上升，拥有住房的人会有财富效应。学者们普遍从这两个方面或近似的角度展开论述，具体结论视不同效应的强弱而定，特别是对于有房群体与无房群体，房价的作用明显不同（赵杨，2011；杜莉 等，2010；李涛 等，2014；李江一，2017）。

2.1.5　文化与消费习惯

文化和消费习惯并不是解释居民消费习惯的主流方式，但也有部分学者将其作为解释中国居民消费率偏低的一个角度，因为中国与西方发达国家之间的文化与消费习惯确实有很大差异。

部分学者认为，在一些文化中，财富存量可以反映社会地位、退休后的消费保障以及对财富本身的积累偏好强度，因此可以将财富引入效用函数（Zou，1995；Chen et al.，1996；黄少安 等，2018）。还有部分学者从消费习惯出发解释消费行为（封福育 等，2018；陈彦斌 等，2003），但文化和消费习惯并不是一个好的解释方式。一个社会常常会随着经济发展、社会变迁出现移风易俗，用文化解释经济指标可能会因果倒置，难以说明是文化因素带来经济现象，还是经济现象导致文化形成。

2.1.6 财政政策与货币政策

财政政策与货币政策是政府管理需求的重要手段，而居民消费作为需求的一部分，也受到政府财政政策与货币政策的调控与影响。

从财政政策来讲，传统的新古典理论一般认为，财政支出的扩大会增强居民未来的税收增加的预期，因此居民认为收入在未来会出现下降，由于负的财富效应，所以居民消费会降低，这就是财政支出的李嘉图效应，也称作非凯恩斯效应；而凯恩斯理论认为，财政支出的扩大会有效提升总需求，带来产出增加，使得居民的短期可支配收入提高，从而提高居民的消费，这是财政支出的凯恩斯效应。

这两个截然相反的论点引发了一系列实证研究，探寻财政支出究竟如何影响居民消费。有的学者支持财政支出促进了居民消费（Karras，1994；Blanchard et al.，2002；Fiorito et al.，2004；李永友 等，2006；胡永刚 等，2012；胡永刚 等，2013）；有的学者支持财政支出挤出居民消费的观点（Galí et al.，2007；Bailey，1971；Tsung-wu，2001；申琳 等，2007）；还有学者进一步对财政支出结构进行了细分，得出了财政支出类别不同导致部分挤出与部分挤入的混合效应。

从货币政策来讲，一般理论认为，货币政策通过利率、汇率、资产价格和信贷渠道等途径影响消费。利率渠道是指扩张的货币政策降低利率促进投资与产出增长，进而提高消费，具体的作用取决于利率变化的财富效应与替代作用的相对强弱。汇率渠道是指利率下降后，资本流出，本币贬值，出口与产出增加，同时也会促进消费增长，但汇率渠道的成立需要相应的条件，并不总是成立。资产价格渠道是指货币政策改变资产价格时，会影响拥有资产的居民的财富效应，进而影响消费。信贷渠道主要是指当货币当局实施宽松的货币政策以增加流动性后，消费者的信贷可得性提高，因此货币政策可以通过对消费信贷的影响直接改变消费需求（李程，

2014；孙国峰 等，2011；宋长青，2018）。除此之外，现有研究有时还将
货币政策与其他因素相联系，以此分析对消费的影响，特别是流动性约
束、大额刚性支出、消费习惯等（郭新强 等，2013；张小宇 等，2019）。

2.2　税制结构与居民消费

现有研究基本围绕两个方面的问题展开论述：一类是研究具体税种或
宏观税负对居民消费的影响。由于增值税（VAT）和消费税对居民消费影
响最大，因此许多学者着重探讨了它们对居民消费的影响。Matsuzaki
（2003）通过构建异质性家庭模型，发现在贫困家庭比重较高且经济处于
停滞状态的情况下，消费税率的提高会抑制有效消费需求。Blundell
（2009）通过分析英国的增值税政策，发现增值税的暂时性减少会有 75%
传递到消费价格的变动中，并且消费者会更多地增加对非耐用品的消费。
Miki（2011）考察了 14 个发达国家中增值税税率变动的影响，发现总消费
在税率变动前后会有多种不同的变化趋势。Alm 和 El-Ganainy（2013）估
计了消费税和增值税对 15 个欧盟国家消费总量的影响，发现增值税的增加
在短期内会减少总消费，且这种效应在长期内更显著。Acunto 等（2016）
以德国的增值税政策变化为自然实验，验证了非常规的税收政策变动可以
通过产生通胀预期来刺激居民消费。

其中，一部分学者关注了所得税与商品税的搭配对消费产生的影响。
例如，Mertens 和 Ravn（2013）利用结构自回归模型（SVAR）进行实证分
析，结果发现，平均个人所得税税率的减少能够对耐用消费品和非耐用消
费品的需求产生积极的影响，而平均公司所得税率的作用则相反；Lewis
和 Seidman（1998）基于美国数据的实证研究表明，由所得税转向消费税
会提高家庭的边际储蓄倾向；Kaya 和 Şen（2016）同样利用 SVAR 模型对
土耳其的税收冲击进行分析，发现在短期内所有税种都能对私人消费产生
显著影响，而在长期内只有增值税和个人所得税能够产生影响。

还有一部分学者关注了间接税和直接税之间的相对结构对居民消费行
为的影响。例如，廖信林等（2015）利用中国省级面板数据进行了实证研
究，结果表明，间接税比重提高会对居民消费率产生抑制作用，而直接税
比重提高的影响作用正好相反；余英和俞成锦（2016）同样指出，我国间

接税比重的提高会削弱财政生产性支出对居民消费水平的挤入作用；刘胜和冯海波（2016）则运用跨国面板数据实证检验了间接税比重提高所产生的消费外溢性，结果表明，间接税比重的提高促使居民增加境外消费比重。

关于宏观税负对于居民消费的影响方面，学者们的研究结论并不一致：如李普亮和郑旭东（2014）、刘建民等（2015）利用中国省级面板数据来分析税收负担对居民消费的影响，结果表明，人均税收收入的增加会对居民消费产生一定的挤入效应；而廖信林等（2015）则表明，宏观税负的提高会降低居民消费率。

另一类是将税收变动视为宏观经济政策的一部分，研究政府增税或减税政策对居民消费的影响机制或效果。例如，政府减税政策往往伴随着债务融资政策，这种情况下，李嘉图等价定理、理性预期假设以及流动性约束等因素都影响着税收政策的效果。Hubbard 等（1986）在考虑了流动性约束的影响之后，发现减税政策对居民消费行为影响不显著；Poterba（1988）通过研究美国的增税和减税冲击，发现所得税的暂时性减少会提高居民消费，但是居民并不会因预期到的税收变化而调整消费行为；Blanchard（1990）、Sutherland（1997）和 Perotti（1999）的研究结果表明，税收冲击对私人消费的影响取决于债务率的高低，在债务率较低时增税会减少私人消费；Schclarek（2007）和 Tagkalakis（2008）的研究借鉴了 Perotti（1999）等的分析方法，认为在不同的发展水平国家以及不同的经济发展时期，税收冲击对居民消费的影响具有非对称性。这些研究多以宏观税收的变动为基础来探讨税收冲击对居民消费的影响，而对于具体税种的影响作用往往很少涉及。

2.3 财政支出结构与居民消费

为了进一步探索财政支出对居民消费的影响，大量学者对政府支出的领域做了细分，主要分为生产性支出（具体名称上可能不同，如有的学者使用"政府投资""投资性支出""非民生支出等"）和非生产性支出（也被称为"政府消费""消费性支出""民生支出"等），并对各类支出究竟对居民消费起什么作用做了深入研究。

部分学者的研究结果显示，生产性支出通过为企业提供生产性服务，引致投资而挤出居民消费。同时，政府非生产性支出会通过减少预防性储蓄挤入居民消费（张治觉 等，2007；洪源 等，2009；吕冰洋 等，2014）。

也有部分学者持有不同观点，认为生产性支出会通过增加居民收入促进消费增长（胡书东，2002；王宏利，2006）。还有部分学者对支出的时期做了区分，如官永彬和张应良（2008）认为，政府投资性支出和转移性支出长期内对居民消费具有引致效应，而政府消费性支出对居民消费具有挤出效应。从短期来看，政府投资性支出无论对于全国居民消费还是对于城镇居民消费都存在引致效应，转移性支出只对城镇居民消费具有引致效应，而消费性支出对于全国居民消费和城镇居民消费仍然是挤出效应。饶晓辉和刘方（2014）发现，政府生产性支出冲击对居民消费和私人投资造成了短期挤出效应和长期挤入效应。

此外，一些学者提出较为独立的结论。李建强（2010）认为，改革开放以后，政府民生支出对居民消费产生倒"V"形影响；储德银和闫伟（2010）发现，民生性支出对城乡居民消费具有显著的挤入效应，非民生性支出对城镇居民消费产生挤入效应，对农村居民消费的影响效应则截然相反；苑德宇（2010）发现，科教文卫费用的支出挤入了居民消费，政府消费性支出对居民消费有挤出作用，经济建设支出对居民消费的作用微弱；李春琦和唐哲一（2011）发现，政府的行政管理费用支出对私人消费有挤出作用，政府的社会文教费用支出、经济建设支出以及其他补贴性的财政支出对私人消费有拉动作用，基础经济建设支出短期内能促进私人消费，但随着时间的推移会出现一定的抑制作用。

总的来说，财政支出结构如何影响居民消费的研究，从支出结构的划分方式到作用机制以及最终的实证结论都仍未达成共识，还需要更深入的讨论。

2.4　财政分权与居民消费

围绕着政府间财政关系对经济的影响机制，学者们尝试在理论上予以解释，其中财政联邦主义（fiscal federalism）颇具代表性。第一代财政联邦主义从地方政府在供给公共物品、矫正市场失灵、提升社会福利等方面具有优势的角度入手，论证了财政分权的合理性。地方政府的优势主要体现在可以以低成本掌握地方信息（Hayek，1945），合理提供异质性公共物品（Oates，1972），有效配置无法由市场提供的资源（Musgrave，1959）。此外，在生产要素自由流动的假定条件下，通过地方政府之间的竞争有利于实现公共物品供给的帕累托最优（Tiebout，1956）。随着1960年以来新制度经济学的兴起，第二代的财政联邦主义（又被称为"市场保护型联邦主义"）利用新制度经济学的分析工具，认为财政分权可以通过制度安排来影响地方政府和企业的经济行为，以提高经济效率。其影响渠道包括激发地方政府间的财政竞争、增强地方财政收支责任感等（Qian et al.，1997）。

国内学者基于中国1980年以来的分权改革实践，尝试从理论方面对中国式"市场保护型联邦主义"进行探讨。大部分学者认为，中国式的财政分权在一定程度上改变了地方政府及官员的行为激励，促进了经济发展。财政分权使得地方政府成为"剩余索取者"，直接受益于当地经济的繁荣。因此，地方政府用激励政策减少掠夺市场、对无效率的国有企业补贴救助等对经济发展有负面影响的行为，增加生产性基础设施投资与公共服务以促进资源流入和当地市场繁荣（Qian et al.，1997；Qian et al.，1998）。除了增加资本投资以外，由于地方政府在满足当地需求方面更具信息优势，财政分权还会通过提高地方资源配置效率而促进经济增长（林毅夫 等，2000）。对地方官员而言，中国特殊的政绩考核和官员晋升制度催生出地方政府间"标尺竞争"或"政治锦标赛"机制（周黎安，2007），使得地方官员个人利益与地方经济利益在一定程度上得到协调，较好地解决了地方官员的激励与考核问题。然而，也有学者指出，财政分权改革会带来负面效应。例如，分权化改革可能引发辖区间发展失衡和地方保护主义（Young，2000；周黎安，2004），从而导致区域收入差距扩大（王永钦等，2007），压缩对教育、医疗卫生等一般性公共物品的供给以增加经济建设性支出（傅勇 等，2007），引发恶性竞争（Oates，1999；Revesz et al.，2001）等。

研究财政分权与居民消费关系的文献较为少见，具有代表性的包括：王青和张岽（2010）发现，财政分权对居民消费的影响系数为正，这表明财政分权提高了我国居民整体消费水平。邓可斌和易行健（2012）发现，一方面，财政分权水平的提高会带来居民收入增长，进而促进消费的增加；另一方面，财政分权水平的提高会导致居民收入不确定性的增强，进而引起消费的下降。刘宗明（2012）认为，财政分权水平的提高是中国房价上涨和居民消费下降的重要制度性因素，财政分权水平的提高对房价上涨和消费下降有显著的影响。王明成（2012）认为，财政分权导致政府支出结构扭曲，并且生产性支出以吸引 FDI（外国直接投资）为目的，替代效应以及 FDI 对国内投资的挤出效应和锁定效应导致生产性支出挤出私人消费。贺俊等（2016）发现，财政分权通过经济建设性支出渠道和一般性支出渠道促进了居民消费水平的提高，但一般性支出渠道的影响并不显著，而通过社会性支出渠道会降低居民消费水平。

2.5 文献评述

中国的居民消费一直以来呈现出一定的独特性：一是其明显处于一个偏低的水平上，不仅与发达国家相比较低，与大部分发展中国家相比也处于一个较低的水平；二是从 2000 年开始，居民消费率开始大幅度下降，直至 2010 年之后居民消费率才出现回升，但增幅远小于下降幅度。基于这种现象，国内学者进行了大量研究，本书将其总结为六个方面：①居民收入；②人口结构；③流动性约束；④不确定性；⑤文化与消费习惯；⑥财政与货币政策。其中，居民收入包含收入总量与收入差距，人口结构包含人口年龄结构与人口城乡结构，不确定性包含社会保障与大额刚性支出。

这些因素中最没有争议的是关于居民收入与流动性约束的影响，大部分学者认可收入总量与收入均等化程度上升有利于居民消费提升，金融市场的完善可以降低居民储蓄动机。但是，在其他因素的影响方式上，学者们目前仍未达成共识，他们从不同理论、不同数据得出的结论常常有所不同，特别是老龄化的影响方式、大额刚性支出（如房价变动）的影响方式以及财政政策与货币政策的影响方式，是结论最为多样和迥异的研究主题。

这些研究极大地促进了人们对于中国居民消费领域独特特征的理解，但是仍然不能说我们在居民消费方面的研究已经十分充分和完善了。其原因主要有两点：第一，大部分研究居民消费的文献是基于中国居民消费率低这一现象而发起的，但是在研究主体中关注的却是居民消费总量或人均消费量。居民消费总量与人均消费量虽然对居民消费率至关重要，但是两者并不能完全等同，居民消费率相较于居民消费总量多了反映需求内部结构这一功能。中国的最终消费与居民消费一直是上升的，但是在过去很长一段时间，其上升的速度跟不上投资与产出。一般来说，我们认为中国的居民消费较低，是说它相对产出低，并由此导致对经济增长的拉动作用不足，仅消费总量扩大并不能满足结构上的要求。第二，在能够获取到居民消费率数据的 156 个国家或地区中，有 18 个国家或地区的居民消费率高于80%；有 72 个国家或地区的居民消费率为 60%~80%；有 52 个国家或地区的居民消费率为 40%~59%；有 14 个国家或地区的居民消费率低于 40%。2018 年中国的居民消费率仅为 38.68%，与发达国家或其他发展中国家相比均处于较低水平。在这些居民消费率大于中国的国家里，收入均等化水平、老龄化程度、城镇化水平、社会保障能力、金融市场的完善程度、消费的文化与习惯千差万别，以上任何因素都不能清晰地指示中国与其他国家的不同，使得居民消费率出现如此巨大的差别。与这些因素不同，中国政府对于经济的作用与影响相较于大部分国家属于较强的类型，因此从政府的相关角度入手是一个比较有解释力的选择。

本书基于以上文献基础，决定从财税体制与居民消费率之间的关系这一角度分析影响居民消费率的一些机制，并得到政策启示。

关于财税体制与居民消费率之间的研究现在已经有大量的成果，特别是税制结构与居民消费之间的关系有很多研究。总结既有文献我们发现，关于税收对居民消费的影响还可以做三方面的拓展：一是在增长框架下研究税收对居民消费的影响。政府征税用于支出，而支出又会影响居民消费，因此如果想要整体观察税收对居民消费的影响，需要在考虑政府支出作用的内生增长模型框架下，研究稳态时其他参数不变情况下，税收变动对居民消费的影响。二是结合税种属性研究税收对居民消费的影响。税收可归为资本税、劳动税和消费税三大类，在增长框架下，不同税收对居民消费的影响机制不同，因此在一个统一框架下研究三大类税种的影响对于完善税制结构具有重要的启示意义。三是在实证上以居民消费率为核心变量，研究税制结构对居民消费率而非居民消费量的影响方式。

关于财政支出结构与居民消费之间的研究基础也很深厚。依据已有文献，不同的财政支出类型对居民消费的影响差异较大，其中核心问题——生产性支出与非生产性支出对于居民消费究竟是正向影响还是负向影响仍没有达成一致。此外，财政支出需要税收筹集资金，降低居民可支配收入，但同时政府支出有可能促进经济增长，增加居民收入。最终，其对消费的影响难以确定。因此，本书从三个方面进行延伸工作：一是提供一个在同时包含政府收入与支出的内生增长模型框架下分析财政支出结构对居民消费影响的答案，丰富这个问题的理论研究工作。二是不再沿用常见方式，使用生产性支出与非生产性支出（或其他支出分类）的数量指标进行研究，而是使用一个生产性支出对于整体财政支出占比的结构性指标（这种做法在研究财政支出结构对经济增长的作用时较为常见，对消费的研究非常少）。无论各类支出对居民消费是正向影响还是负向影响，该指标反映结构划分的综合结果，在阐释财政支出结构对居民消费率的作用时更加直观明确。三是以居民消费率为核心变量进行实证工作，探索财政支出结构对居民消费率的影响。

关于财政分权对于居民消费的研究，无论是研究数量还是研究层次都与税制结构以及财政支出结构相差甚远。尽管中国关于财政分权的研究数量庞大，特别是关于经济增长、环境污染、公共支出与公共服务方面，学者们都进行了大量的探索，但是对于居民消费却研究得较少，这可能是由于从直觉上看，财政分权与居民消费似乎并没有直接关联性。然而，财政分权程度会改变政府对经济的作用，因此居民消费不可能不受影响。本书将从不同层级政府存在异质性这一个由第一代财政联邦主义提出的论点出发，在含政府收入与支出的内生增长模型框架下，阐释一个财政分权影响居民消费的机制，并以居民消费率为核心变量进行实证检验。

基于现有文献分析，本书通过以上工作可以对财税体制对居民消费需求的影响这一问题做出一个综合的理论补充，丰富现有研究成果。

3 中国居民消费需求的典型化事实

把握居民消费这一核心研究对象的现实情况，有利于为后续研究奠定事实基础。因此，一方面，本章选取居民消费率作为代表居民消费需求的指标，以中国省级面板数据为主，同时结合全国面板数据和县级面板数据，对我国的居民消费需求情况进行了静态比较分析和动态趋势分析；另外，利用世界银行的"世界发展指标"（world development indicators，WDI）等国际数据库，对比分析了国内外居民消费需求差异。另一方面，本章着重分析了我国的财政收支情况，包括财税收入和财政支出的变化情况，以及政府间财政收入的分配情况与居民消费的关系，通过描述性统计分析对本书关心的研究问题进行初探。

3.1 居民消费需求的统计基础

3.1.1 度量消费水平的经济指标

如何选取有效的指标来衡量居民消费需求，是我们研究财税政策对居民消费需求影响的重要前提。在国家统计局公布的经济指标中，按照统计层次的不同，其将衡量消费水平的指标分为宏观指标和微观指标两类。其中，宏观指标包括居民消费支出、社会消费品零售总额等指标；微观指标具体是指国家统计局通过住户收支与生活状况调查（2013 年开始）获得的居民人均消费支出指标。上述指标的基本情况如表 3.1 所示。

表 3.1　衡量消费水平的经济指标

指标名称	指标内涵	统计方法
居民消费支出	指常住住户在一定时期内对于货物和服务的全部最终消费支出。居民消费支出除了直接以货币形式购买的货物和服务的消费支出外，还包括以其他方式获得的货物和服务的消费支出，后者称为虚拟消费支出。居民虚拟消费支出主要包括：单位以实物报酬及实物转移的形式提供给劳动者的货物和服务；住户生产用于自身消费的货物（如自产自用的农产品），以及纳入生产核算范围并用于自身消费的服务（如住户的自有住房服务）；银行和保险机构提供的间接计算的金融服务	国民经济核算
社会消费品零售总额	指企业（单位、个体户）通过交易直接出售给个人、社会集团非生产、非经营用的实物商品金额，以及提供餐饮服务所取得的收入金额。其中，个人包括城乡居民和入境人员，社会集团包括机关、社会团体、部队、学校、企事业单位、居委会或村委会等	全面调查+抽样调查
居民人均消费支出	指居民用于满足家庭日常生活消费需要的全部支出，既包括现金消费支出，也包括实物消费支出。消费支出可划分为食品、衣着、居住、生活用品及服务、交通通信、教育文化娱乐、医疗保健以及其他用品及服务八大类	抽样调查

资料来源：根据历年来的《中国统计年鉴》相关数据整理。

3.1.1.1　宏观指标

从宏观角度来看，能够反映消费水平的指标主要包括两个：一是按照支出法核算国民生产总值时的最终消费支出。该指标从消费主体的角度出发，有效地核算单位和个人在经济领土范围内购买货物和服务所花费的支出。按照核算主体不同，最终消费支出包括居民消费支出和政府消费支出。其中，居民消费支出较为全面地衡量了居民个人购买货物和服务的最终消费支出，不仅统计了货币消费支出，还统计了虚拟消费支出。二是社会消费品零售总额。该指标从销售主体即批发和零售企业（单位、个体户）的角度出发，利用全面调查和抽样调查相结合的方式测算批发零售市场整体的销售规模。具体而言，企业（单位、个体户）包括限额以上和限额以下①两类。其中，限额以上批发和零售业的法人企业、个体经营户，其他行业附营的批发和零售业产业活动单位资料，以及零售连锁集团、亿元商品交易市场采用全面调查的方法取得；限额以下法人企业及个体经营户等资料采用抽样调查的方法取得。

相比较而言，居民消费支出更能反映居民消费需求的绝对规模。因为从销售主体角度来看，社会消费品零售总额只包括批发和零售业的企业等单位，而居民个人在发生消费行为时，所涉及的销售主体涵盖范围会更广；从消费主体角度来看，社会消费品零售总额的销售对象既包括居民个体，也包括政府部门，这意味着社会消费品零售总额的消费主体涵盖范围更为广泛。因此，居民消费支出相对于社会消费品零售额而言，更能反映居民消费需求的绝对规模。2018 年，我国居民消费支出和社会消费品零售额分别为 354 124 亿元和 380 987 亿元；与 2000 年相比，年均增速分别高达 14.43% 和 16.39%。

3.1.1.2 微观指标

国家统计局利用住户收支与生活状况调查②对城乡居民住户的收支状况展开调查。住户收支与生活状况调查以各省（区、市）为总体，采用分层、多阶段、与人口规模大小成比例的概率抽样方法，随机抽选调查住宅，确定调查户。全国共抽选出 1 800 个县（市、区）的 1.6 万个调查小区，对抽中小区中的 160 多万个住户进行全面摸底调查，在此基础上随机等距抽选出约 16 万住户参加记账调查；调查还定期对调查小区和调查住宅进行轮换。根据国家统计局的介绍，住户收支与生活状况调查是在 95% 的置信度下，全国居民人均可支配收入的抽样误差小于 1%。

2013 年起，按照住户收支与生活状况调查制度，国家统计局每年收集 16 万调查户 12 个月的记账数据，在此基础上汇总计算出各年的全国居民可支配收入与支出、城镇居民可支配收入与支出、农村居民可支配收入与

---

① 根据《中国统计年鉴》的指标解释，限额以上企业包括批发和零售业的法人企业、个体经营户、零售连锁集团，成交额在亿元以上的商品交易市场，以及参与商品零售、餐饮经营活动的各行业法人企业、产业活动单位和个体经营户。限额以上批发和零售业统计单位是指：批发业，年主营业务收入 2 000 万元及以上；零售业，年主营业务收入 500 万元及以上。

② 2012 年，国家统计局对实行了近 60 年的农村住户收支调查和城镇住户收支调查进行了一体化改革，开始实施住户收支与生活状况抽样调查。调查的主要内容包括：居民收入和消费情况，同时收集反映居民就业、社会保障参与、住房状况、家庭经营和生产投资以及收入分配影响因素等调查内容。

支出等收支数据。

利用居民人均消费支出的调查结果可以从微观层面来衡量居民消费需求，具有一定的代表性。然而，由于抽样调查的样本局限性，居民人均消费支出仍不能全面反映全国层面居民消费需求的大小，用来衡量宏观层面的居民消费需求仍存在一定偏差。利用国民经济核算方法计算的宏观居民消费水平（按常住人口计算的人均居民消费支出）和微观居民人均消费支出的对比如表 3.2 所示。

表3.2　宏观居民消费水平和微观居民人均消费支出的对比

年份	居民消费水平/元	居民人均消费支出/元
2013	15 615	13 220
2014	17 271	14 491
2015	18 929	15 712
2016	20 877	17 111
2017	23 070	18 322
2018	25 378	19 853

数据来源：根据国家统计局年度数据库相关数据整理。

表 3.2 表明，住户调查项目所获得的居民人均消费支出低于国民经济核算获得的居民消费水平，使用微观调查数据来判断居民消费需求状况存在一定的局限性。另外，在后面进行实证分析时，衡量控制变量使用宏观数据，若居民消费使用微观的居民人均消费支出会使数据失去一致性。

对比上述分析，在衡量居民消费需求方面，居民消费支出是最合适的指标。原因在于，社会消费品零售总额的度量范围与居民消费并不一致，而居民人均消费支出由于抽样特征并不能准确衡量全国范围的居民消费状况。因此，宏观居民消费支出是能够从全国层面出发、有效衡量居民消费状况的指标。

3.1.2　居民消费需求的度量维度

度量居民消费需求具有三个维度：一是绝对维度，利用居民消费支出总额或者居民消费水平来表示，度量居民消费需求的绝对规模；二是相对维度，利用居民消费支出占支出法生产总值的比重（居民消费率）来表示，衡量社会总产出中用于居民消费的相对比例，反映了居民消费需求的相对重要性；三是动态维度，用居民消费支出的增长率来表示，反映居民消费需求的动态变化趋势。

相对于绝对维度而言，相对维度更具有优势。选择居民消费率来反映居民消费，有两个方面的益处：一是谈及居民消费不足，实际上是指它相对于产出过小，以至于没有充分发挥对经济增长的拉动作用，单纯提升居民消费总量并不意味着消费相对于产出也得到了提升；二是居民消费率是反映需求结构的常用变量，中国长时间面对内需失衡的问题，不少财税政策的作用目标是提高消费率，因而以居民消费率为研究对象，有助于建立一个研究财政政策与内需结构联系的动态分析框架。

"居民消费率"这一概念与经济学中的"平均消费倾向"在数学表达式上相类似。然而，居民消费率更多的是一个宏观概念，用以反映总产出中居民消费所占的比例；而平均消费倾向则侧重于在微观上衡量收入中用于消费的比例，以反映家庭或个人的消费意愿。

综合上述分析，从跨国对比分析、跨地区对比分析的宏观角度出发，本书主要使用居民消费率来衡量居民消费需求。值得注意的是，目前国际层面、省级层面都可以获得支出法国民经济核算的年度数据，然而地市级层面和县级层面却无法获取。另外，居民消费率仅有年度数据，而无月度数据。为此，考虑到数据可得性问题，本书在相关章节进行统计分析时，还以社会消费品零售总额为辅助指标，用于县级分析和月度分析。

3.2　我国居民消费需求的变化趋势和地区差异

投资、消费和出口是拉动我国经济增长的"三驾马车"。改革开放以来，随着经济发展水平的变化，投资、消费和出口三种力量在驱动经济增长方面的相对重要性不断发生变化。特别是 2008 年全球金融危机爆发后，外需长期疲软，经济发展对国内需求的依赖性增强。习近平总书记强调，中国经济呈现出新常态的主要特点之一，就是经济结构不断优化升级，第三产业、消费需求逐步成为主体。因此，我们有必要研究中国居民消费需求的变化趋势。同时，考虑到居民消费支出只有年度数据，我们还使用社会消费品零售总额进行月度分析。

3.2.1 趋势分析

1994—2019 年我国最终消费、资本形成总额以及货物和服务净出口对 GDP（国内生产总值）增长贡献率如图 3.1 所示。

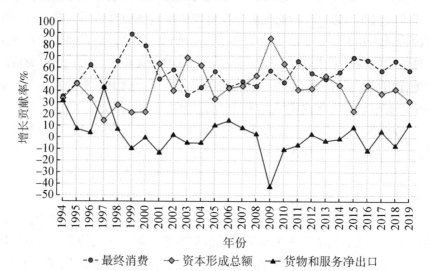

图 3.1　1994—2019 年我国最终消费、资本形成总额和净出口对 GDP 增长贡献率

数据来源：根据国家统计局年度数据库相关数据整理。

观察图 3.1 我们发现，2014 年以后，中国的经济增长方式已经实现了由投资和出口拉动为主转向由消费拉动为主。2014 年，消费（最终消费）对 GDP 的贡献率为 48.8%，超过了投资（资本形成总额）对 GDP 的贡献率（46.9%）。此后，消费的贡献率一直高于投资和出口，2019 年更是达到 57.8%，比资本形成总额的贡献率高出 26.6 个百分点。

就消费、投资和净出口占 GDP 的比重而言，消费一直高于投资和净出口。1994—2019 年我国最终消费、资本形成总额以及货物和服务净出口占 GDP 的比重如图 3.2 所示。

由图 3.2 可知，2000 年以后，最终消费率逐年下降，由 2000 年的 63.88% 下降到 2010 年的 49.35%，减少了 14.53 个百分点；而资本形成率由 33.73% 上升到 46.97%，增加了 13.24 个百分点。2010 年之后，最终消费率逐步上升，上升到 2019 年的 55.46%，增加了 6.11 个百分点，而资本形成率下降到 2019 年的 42.99%，减少了近 4 个百分点。整体来看，2010 年以后，消费在国内生产总值中的重要性逐步增加，而投资在国内生产总值中的重要性则逐步减少。

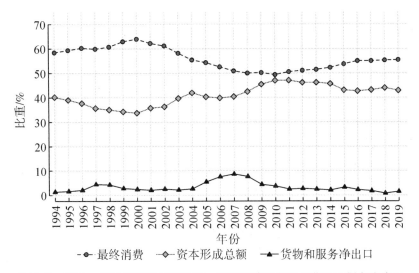

**图 3.2　1994—2019 年我国最终消费、资本形成总额以及货物和服务净出口
占 GDP 的比重**

数据来源：根据国家统计局年度数据库相关数据整理。

就消费而言，居民消费和政府消费的相对大小也在发生变化。1994—
2018 年我国居民消费率和政府消费率的变化如图 3.3 所示。

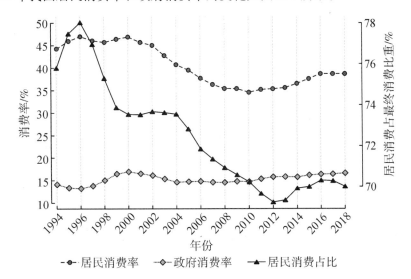

注：左轴表示居民消费率和政府消费率，右轴表示居民消费占最终消费的比重。

图 3.3　1994—2018 年我国居民消费率和政府消费率的变化

数据来源：根据国家统计局年度数据库相关数据整理。

由图 3.3 可知，我国居民消费率一直高于政府消费率。从变化趋势上看，从 2000 年开始，居民消费率开始下降，由 2000 年的 46.96% 下降到 2010 年的 34.63%，降低了 12.33 个百分点。之后，居民消费率一直处于上升趋势，增加到 2018 年的 38.67%，增加了 4 个百分点。值得注意的是，居民消费占最终消费的比重却有所下降，从 1996 年的最高点 78.02% 下降到 2018 年的 69.97%，降低了 8 个百分点，这意味着在消费需求中，居民消费增速较慢。

3.2.2　增长分析

为准确了解居民消费需求的变化情况，我们主要使用年度数据和月度数据进行分析。在使用年度数据分析时，我们重点考虑居民消费支出和政府消费支出的环比增速变化情况；在使用月度数据分析时，考虑到居民消费支出无法获得相关数据，我们以社会消费品零售总额的累计增速变化情况来代替分析。

3.2.2.1　年度分析

1994—2018 年我国居民消费和政府消费的年度环比增速变化如图 3.4 所示。

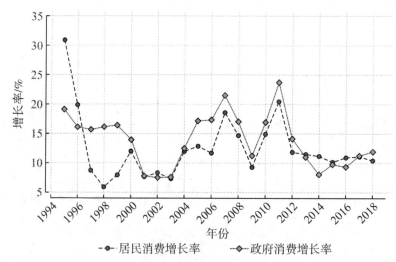

图 3.4　1994—2018 年我国居民消费和政府消费的年度环比增速变化

数据来源：根据国家统计局年度数据库相关数据整理。

由图 3.4 可知，1994 年以来，多数年份的政府消费增长率要高于居民消费增长率。这表明，从增速上看，政府消费支出确实高于居民消费支出。

3.2.2.2　月度分析

本书以社会消费品零售总额为代表，观察消费需求的变动情况。我们分别选取了社会消费品零售总额的累计同比增速和同比增速作为分析指标，可以观察到 2000 年 1 月至 2019 年 12 月的变化情况（见图 3.5）。

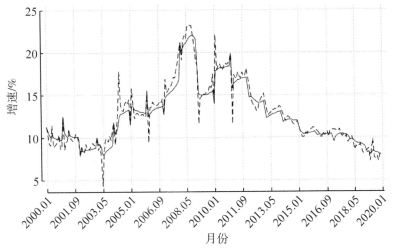

—— 消费品零售累计同比增速　　－－消费品零售同比增速

图 3.5　2000 年 1 月至 2019 年 12 月社会消费品零售总额的增长变化
数据来源：根据国家统计局月度数据库相关数据整理。

观察图 3.5 我们发现，自 2008 年以来，社会消费品零售总额的累计同比增速和同比增速整体上均处于下降趋势。以累计同比增速为例，2008 年 1 月高达 21.2%，后受 2008 年全球金融危机的影响，下降到 2010 年 1 月的 14%；随后又有所恢复，上升到 2011 年 1 月的 19.9%。从 2011 年开始，社会消费品零售总额累计同比增速就一直处于下降趋势，下降到 2019 年 12 月的 8%，同 2011 年 1 月相比减少了近 12 个百分点。可见，近年来我国消费增长速度确实处于下行趋势。

3.2.3　省级差异

3.2.3.1　地区差异

根据最新出版的《中国统计年鉴 2019》，并未公布 2018 年省级地区的支出法生产总值数据，因此我们只能使用 2017 年的数据进行分析。2017 年各省（区、市）的居民消费率[①]如表 3.3 所示。

----

① 本书仅对我国 31 个省（区、市）（除港、澳、台地区）相关数据展开研究。

表 3.3 2017 年各省（区、市）的居民消费率

地区	支出法生产总值/亿元	居民消费/亿元	居民消费率/%
北京	28 014.9	11 491.5	41.02
天津	18 549.2	6 078.2	32.77
河北	34 016.3	11 911.3	35.02
山西	15 528.4	6 694.4	43.11
内蒙古	16 096.2	6 035.7	37.50
辽宁	23 409.2	10 874.8	46.46
吉林	14 944.5	4 098.8	27.43
黑龙江	15 902.7	7 155.1	44.99
上海	30 633	12 970.1	42.34
江苏	85 869.8	31 892.4	37.14
浙江	51 768.3	19 036.3	36.77
安徽	27 018	10 670.4	39.49
福建	32 182.1	10 108.4	31.41
江西	20 006.3	7 965.7	39.82
山东	72 634.2	28 285.5	38.94
河南	44 552.8	17 029.7	38.22
湖北	35 478.1	12 754.5	35.95
湖南	33 902.7	13 283.9	39.18
广东	89 705.2	34 097.1	38.01
广西	18 523.3	7 847.1	42.36
海南	4 462.5	1 929.4	43.24
重庆	19 424.7	7 019.7	36.14
四川	36 980.2	14 841.2	40.13
贵州	13 540.8	5 832.6	43.07
云南	16 376.3	7 599.8	46.41
西藏	1 310.9	370.5	28.26
陕西	21 898.8	7 068.7	32.28
甘肃	7 459.9	3 718.2	49.84
青海	2 624.8	1 073.9	40.91
宁夏	3 443.6	1 428.5	41.48
新疆	10 882	4 052.4	37.24

数据来源：根据国家统计局数据库相关数据整理。

由表 3.3 可知，就居民消费率而言，有 3 个省份高于 45%，其中甘肃的居民消费率最高，高达 49.84%；辽宁、云南次之，依次为 46.46%、46.41%。有 2 个省份低于 30%，其中吉林的居民消费率最低，仅为 27.43%，相当于甘肃的一半；西藏的居民消费率为 28.26%，略高于吉林。此外，陕西、福建的居民消费率在 30%~35%，依次为 32.28%、31.41%。其他省份的居民消费率均在 35%~45%。

3.2.3.2 变化趋势

在分析不同地区的居民消费率变化时，由于涉及 31 个省（区、市），会产生诸多不便，也无法做出有效的趋势变化分析图。因此，为了更好地分析各省（区、市）居民消费率的变化情况，本章将使用两种方法：一是利用核密度分布图进行分析。核密度分布图展现了给定样本的密度分布情况。人们通过估计概率密度函数来分析给定样本的分布情况，最原始的方法是利用直方图的形式来估计。然而，利用直方图估计密度函数的缺点在于，即使随机变量是连续的，直方图始终是不连续的阶梯函数（陈强，2014）。因此，Rosenblatt（1956）提出"核密度估计法"（kernel density estimation）来得到对密度函数的平滑估计。利用核密度分布图分析给定变量的优势在于，当把不同年份样本的核密度分布图放在一起进行分析时，既能够看到各年度样本的分布情况，也能够看到给定变量在不同年份的演变情况，一举两得。二是针对地理区域进行分析。本章根据国家统计局的划分方法，将全国 31 个省（区、市）划分为东部地区、中部地区、西部地区和东北地区[①]，分别对其趋势进行分析。

首先，我们选取 1994 年、2000 年、2006 年、2012 年、2017 年为代表性年份，主要年份各省（区、市）居民消费率的核密度分布情况如图 3.6 所示。

由图 3.6 可知，核密度曲线越平坦，表明地区间的差异越大；曲线越陡峭，表明地区间的分布相对集中，差异越小。另外，曲线集中度的峰值越高，表明样本的集中程度越高。1994 年各地区的居民消费率分布较为广泛，表明地区差异较大，居民消费率集中分布在 50% 左右，相对较高，但集中度较低。之后，居民消费率的核密度曲线的峰顶逐年左偏且峰值提

---

① 东部地区包括北京、天津、河北、上海、江苏、浙江、福建、山东、广东和海南；中部地区包括山西、安徽、江西、河南、湖北和湖南；西部地区包括内蒙古、广西、重庆、四川、贵州、云南、西藏、陕西、甘肃、青海、宁夏和新疆；东北地区包括辽宁、吉林和黑龙江。

高，曲线越来越陡峭。到了 2012 年，居民消费率集中分布在 32% 左右，且分布相对集中，表明地区差异在不断缩小。2012 年之后，核密度曲线的峰顶开始右移，表明居民消费率的集中分布值开始提高，同时峰值也逐步提高。到了 2017 年，各地区的居民消费率集中分布在 40% 左右，且分布相对集中，地区差异较小。然而与 1994 年相比，集中分布值仍相对较低。

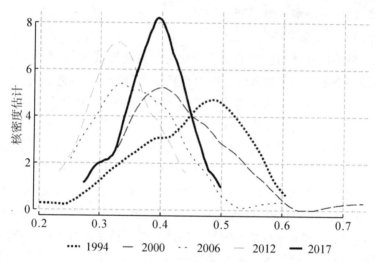

图 3.6 主要年份各省（区、市）居民消费率的核密度分布情况

数据来源：根据国家统计局分省年度数据库相关数据整理。

其次，我们以地理区域为单位进行分析。考虑到地区生产总值越大的地区，其居民消费率对区域整体居民消费率影响也越大，我们以地区生产总值占区域生产总值的比重作为权重，计算各区域加权的居民消费率，计算公式如下：

$$区域居民消费率 = \sum_{i} \frac{省份 \, i \, 居民消费支出}{省份 \, i \, 地区生产总值} \cdot \frac{省份 \, i \, 地区生产总值}{\sum_{i} 省份 \, i \, 地区生产总值}$$

$$= \frac{\sum_{i} 省份 \, i \, 居民消费支出}{\sum_{i} 省份 \, i \, 地区生产总值}$$

1994—2017 年各地区居民消费率的变化情况如图 3.7 所示。

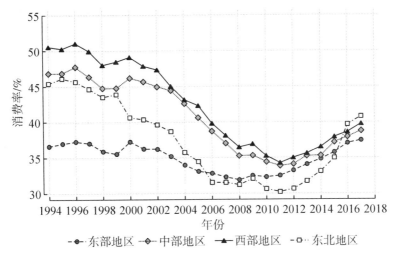

图 3.7　1994—2017 年各地区居民消费率的变化情况
数据来源：根据国家统计局分省年度数据库相关数据整理。

由图 3.7 可知，各地区的居民消费率经历了先下降后上升的变化趋势，即从 1994 年开始下降，除东部地区于 2008 年达到最低点之外，其他地区于 2011 年达到最低点。之后，各地区的居民消费率开始上升。其中，在 2006 年之前，居民消费率呈现出"西部地区>中部地区>东北地区>东部地区"的特征；在 2006—2015 年，东部地区的居民消费率高于东北地区，但仍低于中部地区；2015 年之后，东北地区的居民消费率最高，其他地区的相对位置未变。

3.2.4　县级差异

在县级层面，由于我们无法获取支出法地区生产总值的相关数据，因此用社会消费品零售总额占地区生产总值的比重来代表居民消费需求进行分析。同时，针对县级面板数据存在较多异常值的情形，我们借鉴相关文献的常用做法，对社会消费品零售总额占地区生产总值比重的最高和最低的 1% 样本进行缩尾处理。本书使用的县级经济社会数据来自历年的《中国县（市）社会经济统计年鉴》《中国区域经济统计年鉴》和 CEIC 数据库等。2002—2017 年各县级地区社会消费品零售总额占比的描述性统计如表 3.4 所示。

表 3.4 2002—2017 年各县级地区社会消费品零售总额占比的描述性统计

年份	样本量/个	均值/%	标准差/%	分位点/%				
				最小值	25	50	75	最大值
2002	1 726	31.50	10.39	9.41	24.18	30.32	37.94	67.22
2003	1 759	30.01	10.13	8.51	23.00	28.98	36.30	62.75
2004	1 888	29.31	11.16	6.81	22.06	28.05	35.47	83.09
2005	1 885	29.52	9.77	8.37	22.43	28.93	35.62	59.31
2006	1 880	29.10	9.68	8.02	22.31	28.64	34.92	60.05
2007	1 949	27.99	9.87	6.30	21.08	27.47	34.15	59.00
2008	1 874	28.51	10.26	6.73	21.27	28.05	34.80	63.46
2009	1 880	30.43	11.06	7.41	22.59	29.75	37.23	65.52
2010	1 914	29.80	10.84	6.85	22.25	28.86	36.43	64.15
2011	1 792	28.53	10.81	5.95	21.18	27.79	35.38	62.73
2012	1 792	28.94	11.31	5.56	21.06	28.00	35.76	67.14
2013	1 784	30.19	11.55	6.31	22.05	29.24	37.57	65.76
2014	1 780	32.09	12.13	7.24	23.31	31.27	39.71	69.38
2015	1 747	34.36	12.99	7.74	24.54	33.52	42.35	75.50
2016	1 746	35.72	13.61	8.78	25.46	34.64	44.10	80.70
2017	1 567	36.03	13.72	8.42	25.45	35.37	45.12	80.14

数据来源：根据历年来的《中国县（市）社会经济统计年鉴》《中国区域经济统计年鉴》和 CEIC 数据库相关数据整理。

观察表 3.4 我们发现，无论是均值还是中位数，县级地区的社会消费品零售总额占比都表现出了先下降后上升的态势，与省级地区的变化趋势相一致；同时，标准差也存在着先减少后增加的变化趋势，并且 2017 年的标准差明显大于 2002 年，表明县级地区之间的消费需求差异有所增大。

3.3 居民消费需求的跨国对比分析

对于经济发展水平不同的国家而言，内需特别是消费需求的大小及其在国民经济中的重要性存在较大差异。了解发达国家和发展中国家的居民消费需求的变化规律，有助于我们更加全面地看待我国居民消费需求的发展。因此，本章以跨国面板数据为基础，在分析主要发达国家和发展中国家内需特别是消费需求的基础上，就我国居民消费需求与国际上其他国家的差异开展对比研究。

3.3.1 统计基础

考虑到数据的可比性问题和可得性问题，我们选取了世界银行的"世界发展指标"数据库进行分析。世界发展指标是世界银行通过官方认可的国际机构汇编的一系列主要发展指标，它提供了目前最准确的全球发展数据，包括国家、区域和全球的估计数值。该数据库涵盖了150多个经济体，包括800多个指标，数据内容涉及健康、教育、农村和农业发展、城市发展、基础设施、公共部门、环境等多个方面。在指标选取方面，我们选取按照国民经济核算方法统计的居民消费支出作为代表居民消费需求的主要指标[①]。

同前述分析保持一致，本章选取居民消费支出占 GDP 的比重（居民消费率）作为主要分析指标。此外，本章还选取了居民消费支出占最终消费支出的比重作为辅助指标进行分析。

3.3.2 居民消费率的跨国对比分析

以 2018 年为例，与世界主要国家或地区的居民消费率相比，中国的居民消费率在国际上处于相对较低的位置。在能够获取到居民消费率数据的 156 个国家或地区中，有 18 个国家或地区的居民消费率高于 80%；有 72 个国家或地区的居民消费率为 60%~80%；有 52 个国家或地区的居民消费率为 40%~59%；有 14 个国家或地区的居民消费率低于 40%。2018 年中国的居民消费率仅为 38.68%，与发达国家或发展中国家相比均处于较低的水平。

为了观察发达国家和发展中国家居民消费率的变化规律，本章选取美国、德国、英国、法国、日本、韩国、俄罗斯、印度、巴西、南非、中国等国家进行分析，同时还选取了 OECD 成员和世界各国或地区的整体水平

---

① 根据 WDI 的定义，最终消费支出（以前称为总消费）是指居民最终消费支出（以前称为私人消费）和一般政府最终消费支出（以前称为一般政府消费）之和。居民最终消费支出是指居民购买的所有货物和服务（包括耐用品，如汽车、洗衣机、家用电脑等）的市场价值，不包括购买住房的支出，但包括业主自住房屋的估算租金和为取得许可证及执照向政府支付的费用。一般政府最终消费支出包括政府为购买货物和服务（包括雇员薪酬）而发生的所有经常性支出，还包括国防和国家安全方面的大部分支出，但不包括政府军费支出，该项支出属于政府资本形成。

进行对比分析。2010—2018 年世界上主要国家或地区的居民消费率变化情况如表 3.5 所示。

表 3.5　2010—2018 年世界上主要国家或地区的居民消费率变化情况

单位:%

区域范围	2010	2011	2012	2013	2014	2015	2016	2017	2018
美国	67.94	68.46	67.96	67.43	67.47	67.42	68.15	68.32	68.14
德国	55.11	54.39	54.91	54.56	53.42	52.88	52.64	52.29	52.14
英国	64.25	64.28	64.56	64.85	64.45	64.47	65.10	65.01	65.51
法国	55.36	54.98	54.72	54.64	54.31	54.05	54.26	54.01	53.91
日本	57.75	58.25	58.64	58.96	58.40	56.58	55.72	55.49	55.59
韩国	50.32	50.96	51.37	50.91	50.35	49.31	48.65	48.10	48.65
俄罗斯	51.49	50.04	50.97	52.95	53.44	52.42	53.09	52.68	49.37
印度	54.72	56.21	56.46	57.65	58.13	59.01	59.34	58.98	59.39
巴西	60.22	60.27	61.41	61.72	62.96	63.96	64.24	63.99	64.33
南非	59.02	59.57	60.96	60.57	59.97	59.76	59.29	59.23	59.93
中国	35.44	36.18	36.86	37.06	37.82	38.77	39.65	38.74	38.68
OECD	60.62	60.72	60.70	60.54	60.26	59.92	60.07	59.94	59.82
世界	57.34	57.41	57.61	57.75	57.79	57.92	58.21	58.04	57.67

注:OECD 是指 OECD 成员的整体水平,世界是指世界各国或地区的整体水平。

数据来源:根据世界银行的"世界发展指标"数据库相关数据整理。

　　由图 3.8 可知,中国的居民消费率不仅低于主要的发达国家,还低于以金砖国家为代表的发展中国家。整体上看,美国的居民消费率最高,一直高于其他发达国家和发展中国家,中国的居民消费率最低。除中国外,韩国和俄罗斯的居民消费率也相对较低。从发展趋势来看,世界各国或地区的居民消费率变化并不大,美国整体上处于上升趋势。美国的居民消费率从 2010 年的 67.94% 上升到 2018 年的 68.14%,增加了 0.2 个百分点;OECD 成员整体的居民消费率从 2010 年的 60.62% 下降到 2018 年的 59.82%,减少了 0.8 个百分点;世界各国或地区的整体居民消费率从 2010 年的 57.34% 上升到 57.67%,增加了 0.33 个百分点;中国的居民消费率从 2010 年的 35.44% 上升到 2018 年的 38.68%,增加了 3.24 个百分点。

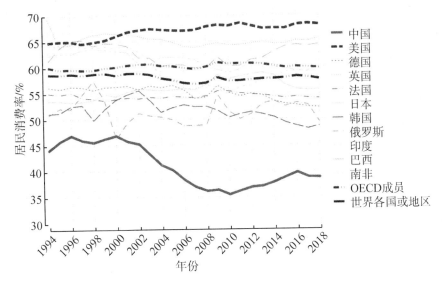

图 3.8　1994—2018 年世界上主要国家或地区的居民消费率变化情况

数据来源：根据世界银行的"世界发展指标"数据库相关数据整理。

就 2018 年而言，美国的居民消费率比中国高了近 30 个百分点，世界各国或地区的整体居民消费率比中国高了近 19 个百分点，OECD 成员的居民消费率比中国高了约 21 个百分点。

3.4　财政收支与居民消费需求之间的相关关系

财政收入、财政支出、政府间财政关系是实施财政政策的三大核心渠道。改革开放以来，随着经济体制改革的不断推进，我国财税体制经历了大幅变化。以财政体制变迁为基础，我国依次经历了以"分灶吃饭"为主要特征的财政包干制（1978—1993 年）和分税制（1994 年至今）。在此过程中，财政收支的规模和结构以及政府间财政关系都发生了较大变化。因此，本节从财政收入（以税收收入为主）、财政支出和政府间财政关系 3 个角度出发，分析 1994 年以来中国财政收支变化与居民消费率之间的相关关系。

3.4.1　财政收入与居民消费需求之间的相关关系

1994 年实行分税制财政体制改革以来，我国财税收入规模逐步扩大。财政收入和税收收入从 1994 年的 5 218.1 亿元和 5 126.88 亿元，上升到

2019 年的 190 382 亿元和 157 992 亿元，年均增速分别为 15.47% 和 14.97%。目前，学术界普遍采用财政收入和税收收入占 GDP 的比重作为衡量宏观税负水平的两种口径。从宏观税负角度来看，财政收入和税收收入占 GDP 的比重从 1994 年的 10.77% 和 10.59%，上升到 2019 年的 19.21% 和 15.94%，分别增加了 8.44 个百分点和 5.35 个百分点。

在财税收入规模扩大的同时，居民消费率也在不断发生变化。宏观税负率与居民消费率之间的相关关系如图 3.9 所示。

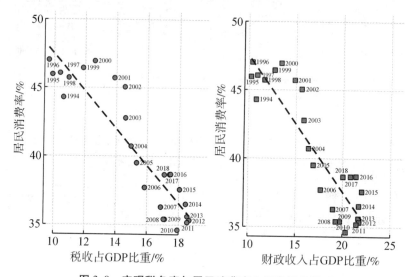

图 3.9　宏观税负率与居民消费率之间的相关关系

数据来源：国家统计局数据库。

由图 3.9 可知，无论是税收收入占 GDP 的比重还是财政收入占 GDP 的比重，宏观税负率与居民消费率之间呈现出显著的负相关关系。这就意味着，随着宏观税负率的上升，居民消费率在逐步下降。

对于税制结构而言，由于中国各税种的税收收入无法有效区分对资本、劳动、消费征税的部分，国际上的一些测算平均税率的方法在测算中国的要素平均有效税率时存在较大困难，因此我们暂时无法对中国数据展开有效分析。

3.4.2　财政支出与居民消费需求之间的相关关系

同财政收入一样，随着经济发展水平的不断提高，我国财政支出规模不断扩大，结构也发生很大变化。首先，就规模而言，我国财政支出规模从 1994 年的 5 792.62 亿元增加到 2019 年的 238 874 亿元，年均增速为

16%；财政支出占 GDP 的比重也从 1994 年的 11.97%上升到 2019 年的 24.11%，增加了 12.14 个百分点。其次，就结构而言，由于 2007 年我国实施了政府收支分类科目改革，前后科目分类不可比。在 2007 年之前，财政支出科目是按照支出用途分类所包含的明细状况进行设置；从 2007 年开始，财政支出科目则是参照联合国政府职能分类（COFOG）和国际货币基金组织发布的政府财政统计手册（GFS）进行分类①。在分析财政支出结构时，学术界一般按照不同财政支出项目对经济发展的差异性影响，将财政支出分为生产性支出和消费性支出。其中，COFOG 中的"经济事务"支出（economic affairs）就是典型的生产性支出。然而，我国现行财政支出科目中并无"经济事务"支出。针对这一问题，国际货币基金组织（IMF）每年会对中国的财政收支数据按照 GFS 规定进行调整，特别是按照 COFOG 对中国的财政支出项目进行调整。GFS 数据库的最新显示，我国财政经济事务支出从 2008 年的 24 992.78 亿元增加到 2017 年的 57 740.74 亿元，占财政支出的比重从 37.78%下降到 23.09%。财政经济事务支出占比与居民消费率之间的相关关系如图 3.10 所示：

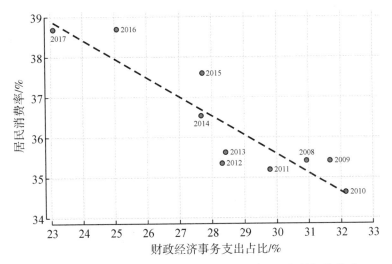

图 3.10　财政经济事务支出占比与居民消费率之间的相关关系

① COFOG 将财政支出分为 10 类：一般公共服务、国防、公共秩序和安全、经济事务、环境保护、住房和社会福利设施、医疗保健、娱乐文化和宗教、教育、社会保护。然而，我国现行财政支出科目与 COFOG 仍存在较大差异，主要包括：一般公共服务、外交、国防、公共安全、教育、科学技术、文化体育与传媒、社会保障和就业、医疗卫生、环境保护、城乡社区事务、农林水事务、交通运输、资源勘探电力信息等事务、商业服务业等事务、金融监管支出、地震灾后恢复重建支出、国土气象等事务、住房保障支出、粮油物资储备管理等事务、国债付息支出等。

由图 3.10 可知，财政经济事务支出占比与居民消费率之间存在着显著的负相关关系，这意味着随着经济事务支出（生产性支出）占比的提高，居民消费率会有所下降。

3.4.3　政府间财政关系与居民消费需求之间的相关关系

在分析政府间财政关系时，学者们一般采用地方政府的财政分权程度来衡量。然而，如何选取合适的指标来衡量地方政府财政分权程度，学术界的看法并不一致。我们借鉴吕冰洋、马光荣和毛捷（2016）以及毛捷、吕冰洋和陈佩霞（2018）的做法，采用地方财税收入分成的方法衡量地方政府财政分权程度。

1994 年实行分税制改革的重要原因之一，就是解决"两个比重"问题，即财政收入占国内生产总值的比重下降和中央财政收入占全部财政收入的比重下降。1994—2018 年地方财税收入占比的变化如图 3.11 所示。由图 3.11 可知，地方财税收入占比在 1994 年以后先是上升，后从 1997 年开始逐步下降，并于 2004 年达到最低点，此时地方财政收入和税收收入的占比分别为 45.06% 和 41.38%。2004 年以后，地方财税收入占比整体上处于上升趋势，2015 年地方税收收入占比接近最高点 50%，2016 年地方财政收入达到最高点 54.66%；随后，地方财税收入占比有所下降。

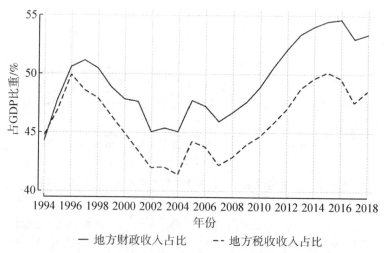

图 3.11　1994—2018 年地方财税收入占比的变化

值得注意的是，在 2002 年之前，企业所得税在中央政府和地方政府之间并未实行税收分成制度，即除了中央企业和外资企业所得税之外，其他企业所得税均由地税局负责征收；2002 年，中央政府开始实施所得税收入分享改革，打破原有的按企业行政隶属关系划分所得税收入的办法，使得中央政府将原本属于地方税的企业所得税划为中央—地方共享税，实行中央与地方按比例分享企业所得税收入（范子英 等，2013；谢贞发 等，2015）。为了更加准确地观察地方财税收入占比与居民消费率之间的相关关系，我们以 2002 年以后的数据为基础进行分析如图 3.12 所示。

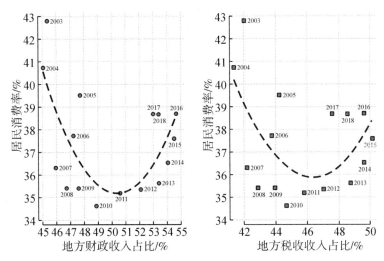

图 3.12　地方财税收入占比与居民消费率之间的相关关系

由图 3.12 可知，地方财税收入占比与居民消费率之间的关系并不是线性关系，两者之间可能存在"U"形非线性关系。这就意味着，随着地方财税收入占比的提高，居民消费率会呈现出先下降后上升的变化趋势。特别是在地方财税收入分成比例超过一定程度后，地方财税收入分成比例越高，居民消费率也就越高。

综合上述分析我们发现，通过相关关系图可以观察到财政收入、财政支出、政府间财政关系与居民消费率之间的相关关系。但是，这种相关关系仅是统计分析层面的结果，为了获得更加稳健和可靠的经验证据，我们将在第 4 章、第 5 章和第 6 章使用计量分析方法展开系统的实证分析。

3.5 研究结论

本节以居民消费率为主要统计指标,分别从全国层面、省级层面、县级层面对我国的居民消费需求情况进行了动态趋势分析和静态对比分析,并结合跨国面板数据进行了跨国比较分析。就全国层面来看,我国消费需求对经济增长的贡献越来越大,但是近几年来的消费增长却较为乏力;我国居民消费率出现了先下降后上升的趋势,尤其是 2010 年以来,居民消费率逐步上升,但整体仍处于较低水平。从省级层面和县级层面来看,我国居民消费率在省级地区之间和县级地区之间差异较大,但差异逐步缩小;在发展趋势上同全国层面一样,居民消费率呈现出先下降后上升的趋势。就跨国对比分析来看,我国的居民消费率在国际上还处于相对较低的位置,不仅低于美国、OECD 成员等发达国家,也低于俄罗斯、印度、巴西等发展中国家,比世界整体水平低了近 19 个百分点。同时,我国居民消费占总消费的比重也相对偏低,还需要进一步提高居民消费的相对重要性。

此外,财政收入、财政支出和政府间财政关系与居民消费需求之间存在着较为显著的相关关系。就财政收入而言,以财政收入和税收收入占 GDP 的比重为代表的宏观税负率与居民消费率之间存在着负相关关系;就财政支出而言,财政支出占 GDP 的比重以及财政生产性支出占比与居民消费率之间均存在着负相关关系;就政府间财政关系而言,地方财税收入占比与居民消费率之间存在着"U"形关系。

综上所述,我国居民消费需求面临着增长驱动贡献度提高和产出占比相对偏低之间的矛盾,特别是与国际上其他国家相比。因此,从经济发展的长远角度出发,我们应该采取措施不断提高我国的居民消费率,改善需求结构。其中,加强财税体制改革,包括规范政府间财政关系,优化税制结构和财政支出结构,是扩大居民消费的关键举措。

4 税制结构对居民消费需求的影响

4.1 研究思路与分析框架

居民消费既是经济增长的重要动力，也是经济增长的福利体现。它是财政政策的重要作用目标。财政政策分为需求侧管理和供给侧管理两大类，其中通过税收和财政支出来影响居民消费需求是需求侧管理的核心内容。政府征税减少了私人部门收入，无疑会对居民消费产生重要影响。因而无论是政策实施部门还是学术界，其经常关注的一个问题是：税收对居民消费产生怎样的影响？

要回答这个问题并不容易，原因在于两个方面：一是税种属性不同。有的税种作用于商品价格，有的税种作用于居民或企业收入，并且它们税收转嫁的程度不同，因此它们对居民消费的影响渠道和程度也不同。二是政府税收政策调整往往是政府宏观调控的一部分，居民对这种宏观调控政策具有适应性预期。如著名的李嘉图等价定理认为，征税与发债的作用是等同的，即使减税，居民因预见政府未来需多征税来还债，因而自动进行消费平滑。

总结既有文献我们发现，关于税收对居民消费的影响还可以做两方面拓展：一是在增长框架下研究税收对居民消费的影响。政府征税用于支出，而支出又会影响居民消费，因此如果想要整体观察税收对居民消费的影响，需要在考虑政府支出作用的内生增长模型框架下，研究稳态时其他参数不变情况下，税收变动对居民消费的影响。二是结合税种属性研究税收对居民消费的影响。税收可归纳为资本税、劳动税和消费税三大类，在增长框架下，不同税收对居民消费的影响机制不同。因此，在一个统一框架下研究三大类税种的影响，对于完善税制结构具有重要的启示意义。

探讨税制结构对居民消费的影响具有重要的政策意义。从 2014 年开始，消费对 GDP 的贡献率超过了投资和出口，中国的经济增长方式已转型到以内需特别是消费拉动为主的模式。然而，从国际上看，我国居民消费率为 38.67%（2018 年），与 OECD 成员相比仍存在一定差距。从税制结构角度出发来探讨如何扩大居民消费，无疑为我们增强经济发展的潜在动力提供了新的政策思路。值得注意的是，当前我国正在实施减税降费政策，以降低企业和居民税负。其中，个税改革、社保降费增加了居民实际收入，而增值税减税、经营服务性收费降价降低了商品价格，这些都有效释放了消费需求（范子英，2019）。本章的研究结论将会为完善减税降费政策提供重要参考。一方面，降低税率对提高居民消费率的刺激作用存在递减现象，表明单纯依靠减税政策来扩大居民消费并不具备可持续性；另一方面，消费税率的影响相对突出，意味着以增值税税率降低为代表的减税政策对消费需求的影响更为显著。因此，本章的研究有助于我们从扩大居民消费的角度来评判减税降费政策的有效性，并且将其与税制结构调整的长期影响结合起来。

本章其余部分的结构安排包括：第 2 节构建了一个理论框架，主要说明税制结构对居民消费率的影响机理；第 3 节提出计量模型，并测算各国历年资本、劳动和消费平均税率；第 4 节实证检验税制结构对消费产出比的影响，并进行稳健性分析；第 5 节进一步讨论了不同税率影响消费产出比的可能途径；第 6 节对本章研究进行总结，并给出相关结论。

4.2　理论分析

为了分析税制结构对居民消费率的影响，我们借鉴 Barro（1990）、Turnovsky（2000）的分析框架，在包含政府支出的内生增长框架下研究税制结构对居民消费产出比的影响。值得注意的是，Turnovsky（2000）在建模过程中做了两点重要突破：一是将政府消费和政府支出引入居民效用函数和企业生产函数；二是将劳动内生化，在将劳动供给引入企业生产函数的同时，也将扣除劳动之外的闲暇作为效用引入了居民的效用函数。在此基础上，Turnovsky（2000）通过最优化分析探讨了在分散经济和社会计划者的情形下，要素税率、财政支出等财政政策变量对经济增长的影响。我们充分借鉴这一重要分析框架，但与 Turnovsky（2000）着重研究经济增长不同的是，我们着重研究了要素税率对居民消费率的影响，并尝试对背后的影响机制进行阐释，丰富了原模型的应用范围。

4.2.1 基本假设和模型设定

4.2.1.1 家庭

假定经济中代表性家庭只有 1 个个体，且具有无限寿命。代表性家庭有 1 个单位时间，假设 t 时期用于闲暇的时间为 l_t，那么用于劳动的时间为 $1 - l_t$。家庭的效用函数为常替代弹性效用函数，其目标是终生效用最大化，即

$$\max \sum_{t=0}^{\infty} \beta^t \frac{(c_t^{\xi} l_t^{1-\xi})^{1-\sigma} - 1}{1 - \sigma} \tag{4.1}$$

其中，$\xi > 0$，表示家庭对消费和闲暇的偏好参数；c_t 表示 t 时期家庭消费；σ 表示消费跨期替代弹性的倒数；β 表示主观贴现率。

家庭的资本积累方程为[①]

$$k_{t+1} - k_t = (1 - \tau_w) w_t (1 - l_t) + (1 - \tau_r) r_t k_t - (1 + \tau_c) c_t \tag{4.2}$$

其中，k_t、w_t、r_t 分别表示人均资本、工资和资本收益率，$r_t k_t$ 表示家庭收入中来自资本所得，$w_t (1 - l_t)$ 表示家庭收入中来自劳动所得，τ_w、τ_r、τ_c 分别表示劳动所得税税率、资本所得税税率和消费税税率[②][③]。式（4.2）的右边部分指的是家庭收入扣除消费和纳税后所得，这部分所得正好用于资本积累。

4.2.1.2 厂商

厂商通过雇佣家庭的资本和劳动来从事生产，政府生产性支出对生产

[①] 参考现有相关文献的做法（Turnovsky et al., 1995; Devarajan et al., 1996; Turnovsky, 2000; Gómez, 2000; Gómez, 2007; Gómez, 2014），为简化起见，在家庭的资本积累方程中，我们未考虑资本折旧因素。我们也尝试在模型中考虑折旧的情况，结果显示，数值模拟曲线的平滑度发生了变化，但是曲线的趋势性不受影响。

[②] 在理论分析中，消费税指的是以消费为税基的税。在现实中，商品税形式多样，既有对消费征税部分，也有对资本征税部分。一般来讲，面对最终消费品的征税属于对消费征税，如消费税、零售税；面对中间产品征税则同时包括对资本和消费征税，如增值税。

[③] 与现有文献相一致（Atkinson et al., 1976; Lee et al., 2005; Liu et al., 2015; Stoilova, 2017），本书以资本税、劳动税和消费税的税率变化来刻画税制结构变化。从理论上看，在假设其他税率不变而探讨某一给定税率的变化所带来的影响时，实质上就是探讨税制结构变动所带来的影响。

具有促进作用。假定厂商的生产函数是科布—道格拉斯式的，则

$$y_t = A_t k_t^\alpha (1 - l_t)^{1-\alpha} (\varphi g_t)^{1-\alpha} \tag{4.3}$$

其中，y_t 表示 t 时期的人均产出，g_t 表示 t 时期的人均政府支出，φ 表示政府支出中用于生产性支出的比例，A 表示外生的技术进步。厂商的目标为最大化税后利润，即

$$\max[y_t - r_t k_t - w_t(1 - l_t)] \tag{4.4}$$

根据一阶条件，可求得要素市场出清的均衡等式，即

$$\alpha y_t = r_t k_t \tag{4.5}$$

$$(1 - \alpha) y_t = w_t(1 - l_t) \tag{4.6}$$

4.2.1.3 政府

政府实行平衡预算，预算约束方程为

$$g_t = \tau_w w_t(1 - l_t) + \tau_r r_t k_t + \tau_c c_t \tag{4.7}$$

4.2.2 竞争性均衡求解

联立式（4.1）和式（4.2），构造动态规划方程求解家庭最优化问题，即

$$V(k_t) = \max_{(k_{t+1}, c_t, l_t)} \left[\frac{(c_t^\xi l_t^{1-\xi})^{1-\sigma}}{1 - \sigma} + \beta V(k_{t+1}) \right]$$

对应的拉格朗日方程为

$$L_t = \frac{(c_t^\xi l_t^{1-\xi})^{1-\sigma}}{1 - \sigma} + \beta V(k_{t+1}) + \lambda_t \{(1 - \tau_w) w_t(1 - l_t) + [(1 - \tau_r) r_t + 1]k_t -$$

$$(1 + \tau_c) c_t - k_{t+1}\} \tag{4.8}$$

其中，λ_t 表示 t 时期资本的影子价格。其一阶条件为

$$\xi (c_t^\xi l_t^{1-\xi})^{-\sigma} l_t^{1-\xi} c_t^{\xi-1} - \lambda_t(1 + \tau_c) = 0 \tag{4.9}$$

$$(1 - \xi)(c_t^\xi l_t^{1-\xi})^{-\sigma} l_t^{-\xi} c_t^\xi - \lambda_t w_t(1 - \tau_w) = 0 \tag{4.10}$$

$$\beta V'(k_{t+1}) - \lambda_t = 0 \tag{4.11}$$

根据包络定理可得 $\dfrac{\partial V_t}{\partial k_t} = \dfrac{\partial L_t}{\partial k_t} = \lambda_t [(1 - \tau_r) r_t + 1]$，将其代入式（4.11）可得

$$\beta \lambda_{t+1} [(1 - \tau_r) r_{t+1} + 1] = \lambda_t \tag{4.12}$$

由式（4.9）可得

$$\lambda_t = \frac{\xi (c_t^\xi l_t^{1-\xi})^{-\sigma} l_t^{1-\xi} c_t^{\xi-1}}{1 + \tau_c} \tag{4.13}$$

代入式（4.12），并结合假设 $l_{t+1} = l_t$，可得人均消费增长率 γ_c 为

$$\gamma_c = \frac{c_{t+1} - c_t}{c_t} = \{\beta[(1 - \tau_r)r_{t+1} + 1]\}^{\frac{1}{1+\xi\sigma-\xi}} - 1 \qquad (4.14)$$

联立式（4.9）和式（4.10），可得均衡时 l_t 和 c_t 之间的关系，即

$$\frac{l_t}{c_t} = \frac{1 - \xi}{\xi} \frac{1 + \tau_c}{w_t(1 - \tau_w)} \qquad (4.15)$$

将式（4.5）、式（4.6）代入式（4.7），可得

$$g_t = \left\{(1 - \alpha)\tau_w + \alpha\tau_r + \tau_c \frac{c_t}{y_t}\right\} y_t \qquad (4.16)$$

为简化起见，将上式右边大括号内变量记为 Ω_t，有

$$g_t = \Omega_t y_t \qquad (4.17)$$

将式（4.17）代入式（4.3），可得

$$\frac{y_t}{k_t} = A_t^{\frac{1}{\alpha}}\left[\varphi\Omega_t(1 - l_t)\right]^{\frac{1-\alpha}{\alpha}} \qquad (4.18)$$

由式（4.3）和式（4.5）可得 $r_t = \alpha \dfrac{y_t}{k_t}$，将其代入式（4.18），可得

$$r_t = A_t^{\frac{1}{\alpha}}\alpha\left[\varphi\Omega_t(1 - l_t)\right]^{\frac{1-\alpha}{\alpha}} \qquad (4.19)$$

由式（4.6）可得 $w_t = (1 - \alpha)\dfrac{y_t}{1 - l_t}$，将其代入式（4.15），可得

$$\frac{l_t}{1 - l_t} = \frac{1 - \xi}{\xi} \frac{1 + \tau_c}{(1 - \alpha)(1 - \tau_w)} \frac{c_t}{y_t} \qquad (4.20)$$

将式（4.2）两边同时除以 k_t，并将式（4.5）和式（4.6）代入得到资本增长率 γ_k，即

$$\gamma_k = \frac{k_{t+1} - k_t}{k_t} = \left[\frac{(1 - \alpha)}{\alpha}(1 - \tau_w) + (1 - \tau_r) - \frac{1 + \tau_c}{\alpha}\frac{c_t}{y_t}\right]r_t$$

$$\qquad (4.21)$$

经济处于竞争性均衡时，有 $\gamma_c = \gamma_k$，则有

$$\left[\frac{(1 - \alpha)}{\alpha}(1 - \tau_w) + (1 - \tau_r) - \frac{1 + \tau_c}{\alpha}\frac{c_t}{y_t}\right]r_t =$$

$$\{\beta[(1 - \tau_r)r_{t+1} + 1]\}^{\frac{1}{1+\xi\sigma-\xi}} - 1 \qquad (4.22)$$

式（4.22）即本章的核心方程。不难发现，将式（4.19）和式（4.20）代入式（4.22），可消除 r_{t+1} 变量。这样，式（4.20）中变量

除了 α、ξ 和 β 之类的固定参数外，只剩下各种税率和 $\dfrac{c_t}{y_t}$ 变量。其中，$\dfrac{c_t}{y_t}$ 即反映经济中居民消费占总产出的比例，简称为居民消费率，它用相对值形式反映居民消费需求的大小。通过该式，我们可以分析税制结构对居民消费率的影响。其函数形式为

$$\frac{c_t}{y_t} = f(\tau_w, \ \tau_r, \ \tau_c; \ \xi, \ \alpha, \ \beta, \ \varphi, \ A) \tag{4.23}$$

我们整理一下经济系统处于均衡状态时各变量之间的关系，定义不带下标的各变量为其均衡值，则式（4.23）变成如下形式：

$$\left[\frac{(1-\alpha)}{\alpha}(1-\tau_w) + (1-\tau_r) - \frac{1+\tau_c}{\alpha}\frac{c}{y}\right] r = \left\{\beta\left[(1-\tau_r)r + 1\right]\right\}^{\frac{1}{1+\xi\sigma-\xi}} - 1$$

$$\tag{4.24}$$

其中：

$$r = \alpha A^{\frac{1}{\alpha}}\left[\varphi\Omega(1-l)\right]^{\frac{1-\alpha}{\alpha}} \tag{4.25}$$

$$\Omega = (1-\alpha)\tau_w + \alpha\tau_r + \tau_c\frac{c}{y} \tag{4.26}$$

$$1 - l = \frac{\xi(1-\alpha)(1-\tau_w)}{\xi(1-\alpha)(1-\tau_w) + (1-\xi)(1+\tau_c)\dfrac{c}{y}} \tag{4.27}$$

式（4.24）是隐函数形式，无法直接得出税率对消费产出比的影响方向。我们需要联立式（4.24）至式（4.27），通过数值模拟发现规律。

4.2.3 数值模拟

为了进行数值模拟，我们需要对模型参数和税收参数进行校准。对于模型参数而言，根据 Turnovsky（2000）的设定，$\varphi = 0.33$，并针对本书离散时间的形式设定 $\beta = 0.96$。ξ 反映了家庭对消费和闲暇的相对偏好程度，文献中取值多集中在 0.5 左右。例如，Devereux 和 Love（1994）的取值为 0.45，以及 Hek（2006）的取值为 0.5 等。本书选取 $\xi = 0.5$，即家庭对消费和闲暇的偏好程度相同。α 反映了私人资本的产出弹性。Turnovsky（2000）在校准美国经济时选取了 $\alpha = 0.92$，而 Gómez（2007）在研究两部门内生经济增长框架下的税制结构时选取 $\alpha = 0.352$。考虑到私人资本的产出弹性一般高于政府生产性支出的产出弹性，本书借鉴吕冰洋和毛捷

（2014）的做法，选取 $\alpha = 0.7$。风险回避系数 σ 反映了家庭对本期消费和未来消费的效用对比，本书借鉴 Turnovsky（2000）和 Gómez（2007）的做法，令 $\sigma = 2$。由于 A 的选取仅影响居民消费率均衡值的大小，而不影响居民消费率与税率变量之间的关系，因此为了分析简便，本书借鉴 Gómez（2007）的做法，选取 $A = 1$。

本书选取了如下基准参数取值来进行分析：$\alpha = 0.7$，$\beta = 0.96$，$\varphi = 0.33$，$\xi = 0.5$，$A = 1$，$\sigma = 2$，$\tau_c = 0.1728$，$\tau_r = 0.1768$，$\tau_w = 0.3746$，然后分别模拟各个税率与居民消费率的关系。税制结构对居民消费率的影响如图 4.1 所示。

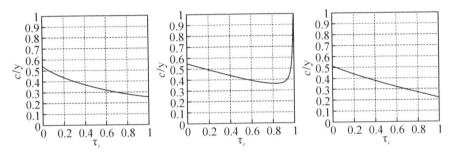

图 4.1 税制结构对居民消费率的影响

根据图 4.1，我们可以得出如下结论：

消费税和资本税税率提高导致居民消费率下降，劳动税税率提高在较大的数值范围内导致居民消费率下降。值得注意的是，当劳动税税率接近于 1 时，居民消费率上升。但是，考虑到这种情形在现实中出现的可能性较小①，劳动税税率的提高将主要导致居民消费率下降。

我们试图对以上结论做出解释。就消费税而言，征税会提高商品价格，居民因为价格效应而减少消费，因此消费税对居民消费率的抑制作用最明显。就劳动税和资本税而言，税率对居民消费率的影响与要素产出弹性密切相关。由于资本和劳动同属于生产要素，当对它们产生的所得征税时，会同时产生两种效应：替代效应和收入效应。替代效应是征税导致要素的收益率相对于消费的相对价格下降，此时纳税人会用消费替代劳动或资本投入；收入效应是征税导致纳税人的收入下降，纳税人为了增加收入

---

① 本书在实证部分利用 28 个 OECD 成员的样本数据对劳动平均有效税率进行了测算，发现劳动平均有效税率的最大值为 63.56%，均值为 37.46%。这意味着，劳动税税率对居民消费产出比的"U"形影响仅存在于理论分析中，在现实中不可能出现。

而投入更多的劳动或资本。要素产出弹性是影响收入效应的关键变量，当要素产出弹性较高时，每增加一单位要素投入导致的产出也较高，征税产生的收入效应也就越强。在本书的理论模型中，根据一般假设，资本的产出弹性为 0.7，大大高于劳动的产出弹性 0.3，因此征收资本税的收入效应高于劳动税。也就是说，与劳动税率相比，当资本税率提高时，征税的收入效应将促使纳税人投入更多资本，从而导致产出增加得更多；此时，收入效应将大于替代效应。这体现在数值模拟曲线上，就是征收资本税使得消费产出比一直在下降。而征收劳动税时，当税率极高时，替代效应将大于收入效应，居民消费率将上升。当然，征收劳动税所产生的倒"U"形也只有在税率接近于 1 时才出现，在现实中出现的可能性较小。

基于以上理论判断，本章下一部分将采用 28 个 OECD 成员 1965—2014 年的面板数据进行实证检验。

4.3 数据基础和实证策略

4.3.1 计量模型设定和实证策略

本章的基本计量模型设定为

$$\text{cyratio}_{it} = a + \beta \cdot T_{it} + \varphi \cdot X_{it} + \alpha_i + \mu_t + \varepsilon_{it} \qquad (4.28)$$

其中，i 表示国家；t 表示时间；a 表示常数项；α_i 表示个体固定效应；μ_t 表示时间固定效应；ε_{it} 表示误差项；cyratio_{it} 表示居民消费率，用居民消费占国内生产总值的比重来衡量；T_{it} 表示各税种的平均有效税率；X_{it} 表示影响居民消费率的其他宏观经济变量。

具体而言，本章依据理论模型设计并借鉴以往文献的普遍做法（Lee et al.，2005；Angelopoulos et al.，2007；Arnold et al.，2011），依次引入以下变量作为控制变量：①总体宏观税负，用税收收入占国内生产总值的比重来表示，反映政府总体征税对居民消费率的影响。同时，在控制总体宏观税负不变的情况下，各主要税种税率的变化则可被解释为税制结构的变化。②人均 GDP，采用 2010 年不变美元价格和不变购买力平价（PPPs）衡量，反映不同国家或地区的经济发展阶段对消费产出比的影响。③工业化进程，用工业增加值占国内生产总值的比重来表示，反映不同国家或地区工业发达程度对消费产出比的影响。④通货膨胀率，用居民消费价格指数表示，反映价格波动对消费产出比的影响。⑤失业率，反映劳动力的就业结构对消费产出比的影响。⑥社会抚养比，用15周岁以下和60周岁以上人口与总人口之比来表示，反映人口结构对消费产出比的影响。

4.3.2 各税种平均有效税率的测算

本章的核心解释变量是资本、劳动和消费税率，这三种税是在现实各种税收基础上，按税种属性进行归类，有的税收需要分解，如个人所得税同时包括对资本和劳动征税。Mendoza 等（1994）在基于 OECD 国民收入账户基础上，提出了具体的测算方法。其计算思路是将广义政府层级的所有税收收入划分为消费税、劳动税和资本税三类，然后精确测算每一类税收所对应的税基，并按照从价方法测算每类税收的平均有效税率。其中，消费平均有效税率的计算公式为

$$\tau_c = \frac{t_{5110} + t_{5121}}{C + G - GW - t_{5110} - t_{5121}} \tag{4.29}$$

其中，t_{5110} 表示一般商品和服务税，t_{5121} 表示消费税，C 表示私人最终消费支出，G 表示政府最终消费支出，GW 表示政府服务生产者支付的雇工报酬。

劳动平均有效税率的计算公式为

$$\tau_l = \frac{\tau_h W + t_{2000} + t_{3000}}{W + t_{2200}} \tag{4.30}$$

其中，$\tau_h = \dfrac{t_{1100}}{OSPUE + PEI + W}$，表示家庭总收入的平均税率；$t_{1100}$ 表示个人的收入、利润和资本利得税；t_{2000} 表示雇员的社会保障缴款；t_{2200} 表示雇主的社会保障缴款；t_{3000} 表示工薪税；W 表示工资和薪金；OSPUE 表示个人非法人企业的营业利润；PEI 表示家庭的产权和企业收入。

资本平均有效税率的计算公式为

$$\tau_k = \frac{\tau_h(OSPUE + PEI) + t_{1200} + t_{4100} + t_{4400}}{OSPUE} \tag{4.31}$$

其中，t_{1200} 表示公司的收入、利润和资本利得税，t_{4100} 表示不动产保有税，t_{4400} 表示金融和资本交易税。

利用上述公式，我们重新测算了 1965—2014 年 28 个 OECD 成员的资本、劳动和消费平均有效税率，并以此作为实证分析的数据基础。

4.3.3 数据与估计方法

本章用来测量各税种平均有效税率的数据来自 OECD 统计数据库，其他变量数据均来自世界银行发布的世界发展指标（WDI）。各变量的描述性统计如表 4.1 所示。在估计方法上，本章主要使用面板数据的回归方法进行实证分析。首先，我们利用 Hausman 检验来判断固定效应模型和随机效应模型的取舍。其次，考虑到模型可能存在组间异方差、组间同期相关或组内自相关等问题，我们使用了解决这些问题的随机效应模型，以及综合考虑异方差和序列相关因素的固定效应模型（XTSCC）来进行稳健性分析。最后，为解决样本的异质性和潜在的内生性问题，我们还通过改变样本结构和采用工具变量法进一步验证基本分析结论的稳健性。

表 4.1　各变量的描述性统计

变量	观察值数	均值	标准差	最小值	最大值
居民消费率	1 457	0.569	0.070	0.312	0.777
非耐用消费产出比	583	0.116	0.046	0.037	0.387
消费税税率（τ_c）	1 283	0.147	0.068	0.028	0.360
劳动税税率（τ_l）	906	0.375	0.115	0.021	0.636
资本税税率（τ_k）	937	0.163	0.083	0.030	0.472
总体宏观税负	1 436	0.318	0.083	0.086	0.509
人均 GDP/万美元	1 352	2.744	1.096	0.638	7.586
工业化进程	1 143	0.307	0.057	0.117	0.448
通货膨胀率	1 519	0.118	0.473	−0.045	12.814
失业率	1 315	0.064	0.039	0.000	0.275
社会抚养比	1 700	0.319	0.025	0.237	0.410
政府支出结构	771	0.181	0.050	0.103	0.400

4.4 实证结果

4.4.1 基本实证结果

我们运用 Hausman 检验对式（4.26）进行了验证，结果拒绝了随机效应的假设，表明模型采用固定效应模型较为合适。如表 4.2 所示，消费税、劳动税和资本税三种税率均对居民消费率产生显著为负的影响。在不引入任何控制变量的情况下，三种税率对居民消费率的影响程度较大。当引入控制变量以后，三种税率的影响程度降低较多，但仍然显著为负。

表 4.2　各税率对居民消费率的影响：固定效应模型回归结果

变量	（1）	（2）	（3）
消费税税率	−0.447 *** （−11.184）	−0.234 *** （−7.029）	−0.241 *** （−6.967）
劳动税税率	−0.411 *** （−12.142）	−0.091 *** （−2.961）	−0.067 ** （−2.022）
资本税税率	−0.393 *** （−13.106）	−0.173 *** （−6.618）	−0.160 *** （−5.702）
总体宏观税负	0.679 *** （12.017）	0.167 *** （3.248）	0.133 ** （2.458）
人均 GDP	—	−0.007 ** （−2.181）	−0.006 * （−1.798）
工业化进程	—	−0.355 *** （−12.249）	−0.356 *** （−12.360）
通货膨胀率	—	—	−0.116 *** （−4.853）
失业率	—	—	−0.044 （−1.633）
社会抚养比	—	—	0.042 （0.745）
常数项	0.608 *** （26.702）	0.749 *** （37.720）	0.742 *** （28.480）
个体固定效应	是	是	是

表4.2(续)

变量	（1）	（2）	（3）
时间固定效应	是	是	是
hausman 检验值	25.24*	48.99***	35.02*
观测值	903	863	853
R^2	0.396	0.547	0.558
国家数	28	28	28

注：括号内为 t 统计量，***、** 和 * 分别表示在1%、5%和10%的置信水平上显著。

以包含了所有控制变量的模型（3）为基准结果（见表4.2），我们可以看到，消费税税率提高1个百分点，会使居民消费率下降0.241个百分点；资本税税率提高1个百分点，会让居民消费率下降0.16个百分点；劳动税税率提高1个百分点，会让居民消费率下降0.067个百分点。这说明，对居民消费率的抑制程度排序是"消费税>资本税>劳动税"，这与前文的理论判断一致[①]。

就其他控制变量而言，总体宏观税负的系数显著为正，表明总体税负增加对产出的抑制作用大于对消费的抑制作用，进而增加了居民消费率。此外，引入宏观税负的作用在于，更加突出税制结构对居民消费率的影响作用。人均GDP的符号均显著为负：根据边际消费具有递减的倾向，即随着经济发展水平的提高，居民消费应当呈现出下降的趋势，模型结论显著支持了这一结论。工业化进程能够对居民消费率产生显著为负的影响，并且影响程度比较稳定，即工业化水平提高1%，居民消费率降低0.356%左右。其原因在于，随着工业化水平的提高，居民的收入也会大大增加，收入的增长幅度超过了同期的消费增速，因而居民消费率有所下降。通货膨胀的增加会显著抑制居民的居民消费率，这是因为通货膨胀水平提高会通过价格效应抑制居民消费。失业率的提高会降低居民消费率，但是并不显著，原因可能在于失业率提高会同时抑制消费和产出，总效果是不显著的。此外，社会抚养比的系数为正但并不显著，这是因为儿童和老年人口群体一般作为单纯的消费者，其规模的扩大能够直接扩大居民消费，进而提高居民消费率，但是统计上并不显著。

---

① 本书还利用 Wald 检验法对消费税、劳动税和资本税两两之间的系数差异进行了显著性检验，结果表明，消费税、劳动税和资本税的估计系数之间存在显著性差异。

此外，根据相关检验，消费税税率、劳动税税率、资本税税率与宏观税负率之间存在着多重共线性问题。为此，本章还尝试使用高维回归中用于解决多重共线性问题的主要方法，即岭回归（ridge regression）、套索估计量（least absolute shrinkage and selection operator）、弹性网回归（elastic net regression）进行稳健性分析。分析结果表明，尽管无法估计系数的显著性程度，但是系数值的相对大小和符号方向仍与基本结论保持高度一致。

4.4.2 稳健性分析

本节将通过 3 个维度验证上述基准回归结果的稳健性，即通过采用不同的回归模型以考虑数据中可能存在的异方差性和自相关性等技术问题，通过调整样本结构以减少异质性样本的影响，并运用工具变量法以考察税率内生性的可能影响。

4.4.2.1 不同回归方法的稳健性

由于本章所使用的面板数据包含了 53 期、28 个国际截面数据，数据可能存在异方差性和自相关性等问题，因而我们进一步尝试前面提到的综合考虑异方差和序列相关因素的固定效应模型（XTSCC）进行修正回归，以检验结果的稳健性。具体的回归结果如表 4.3 所示。

表 4.3　稳健性检验：XTSCC 模型的回归结果

变量	XTSCC		
	（1）	（2）	（3）①
消费税税率	−0.447***	−0.234***	−0.241***
	（−8.443）	（−5.749）	（−5.251）
劳动税税率	−0.411***	−0.091**	−0.067†
	（−5.343）	（−2.348）	（−1.681）
资本税税率	−0.393***	−0.173***	−0.160***
	（−6.585）	（−4.035）	（−3.171）
总体宏观税负	0.679***	0.167**	0.133
	（6.184）	（2.076）	（1.649）

---

① 劳动税税率的系数在表 4.3 的模型（3）中之所以不显著，主要是因为模型在引入所有税率变量之后，可能引起多重共线性问题，而多重共线性影响了估计效率（但不影响无偏性），增大了系数标准差，从而降低了劳动税系数的显著性程度。但是，在所有回归中，劳动税的符号都是负的，方向性没有变化。

变量	XTSCC		
	（1）	（2）	（3）
人均 GDP	—	−0.007 （−1.162）	−0.006 （−1.320）
工业化进程	—	−0.355 *** （−8.681）	−0.356 *** （−8.790）
通货膨胀率	—	—	−0.116 *** （−5.072）
失业率	—	—	−0.044 （−1.638）
社会抚养比	—	—	0.042 （0.450）
常数项	0.608 *** （38.021）	0.749 *** （41.296）	0.742 *** （22.437）
个体固定效应	是	是	是
时间固定效应	是	是	是
观测值	903	863	843
R^2	0.396 4	0.546 8	0.558 2
国家数	28	28	28

注：括号内为 t 统计量，***、**、* 和 † 分别表示在 1%、5%、10% 和 15% 的置信水平上显著。

如表 4.3 所示，即使我们考虑回归数据可能存在的组间异方差、组间同期相关或组内自相关等问题，修正结果与基本结果保持基本一致，即在控制总体宏观税负的前提下，消费税、劳动税和资本税的税率均负向作用于居民消费。另外，在 XTSCC 模型中，三种税率的估计系数均与表 4.2 中的基准结果相近；三种税率对消费产出比的影响程度仍表现出"消费税>资本税>劳动税"的特点，这与前面的分析相一致。

4.4.2.2 不同模型设定的稳健性

从国民经济核算的角度来看，居民消费包含了非耐用品消费和耐用品消费。而在理论模型中，代表居民消费的变量 c 更具有非耐用消费品的性质。因此，为了提高分析结果的稳健性，本书还尝试使用居民非耐用消费产出比作为因变量重新进行检验。

此外，在理论模型中，政府支出结构是一个重要的传导渠道，税率变量会通过影响政府生产性支出作用于居民消费率。为此，本书还将政府支出结构作为额外的控制变量加到模型之中以进行稳健性检验，其中以生产性支出占总支出的比重来代表政府支出结构。本书借鉴相关文献的普遍做法，以国际货币基金组织下的政府财政统计（GFS）数据库为基础，按照GFS对政府支出的功能性分类（COFOG）方法，将经济事务支出归类为生产性支出。

表 4.4 考虑了上述两方面因素的稳健性检验结果。可以看到，不论是改变居民消费的衡量方式还是增加政府支出结构这一控制变量，本书的实证结果基本保持一致。值得注意的是，由于数据可得性的原因，这两方面因素都较大幅度地影响了回归的观测数值。

表 4.4　稳健性检验：不同模型设定的回归结果

变量	非耐用消费产出比作为因变量			控制政府支出结构的影响		
	（1）	（2）	（3）	（4）	（5）	（6）
消费税税率	−0. 328 ***	−0. 126 ***	−0. 143 ***	−0. 618 ***	−0. 259 ***	−0. 298 ***
	（−8. 552）	（−4. 750）	（−5. 379）	（−11. 260）	（−5. 499）	（−6. 014）
劳动税税率	−0. 460 ***	−0. 125 ***	−0. 156 ***	−0. 623 ***	−0. 225 ***	−0. 233 ***
	（−11. 619）	（−4. 367）	（−5. 479）	（−12. 290）	（−4. 964）	（−4. 815）
资本税税率	−0. 253 ***	−0. 099 ***	−0. 123 ***	−0. 526 ***	−0. 174 ***	−0. 172 ***
	（−8. 755）	（−4. 772）	（−5. 870）	（−11. 475）	（−4. 259）	（−4. 181）
总体宏观税负	0. 599 ***	0. 089 *	0. 114 **	0. 934 ***	0. 273 ***	0. 298 ***
	（9. 153）	（1. 827）	（2. 369）	（10. 015）	（3. 343）	（3. 516）
人均 GDP	—	−0. 013 ***	−0. 009 ***	—	−0. 021 ***	−0. 023 ***
		（−6. 095）	（−3. 946）		（−5. 108）	（−4. 998）
工业化进程	—	−0. 062 **	−0. 029	—	−0. 394 ***	−0. 415 ***
		（−2. 525）	（−1. 183）		（−9. 009）	（−9. 196）
通货膨胀率	—	0. 004	0. 021	—		−0. 159 ***
		（0. 205）	（1. 263）			（−4. 865）
失业率	—	—	0. 096 ***	—		−0. 060 *
			（5. 135）			（−1. 853）
社会抚养比	—	—	0. 106 **	—		−0. 074
			（2. 454）			（−0. 781）
政府支出结构	—	—	—	−0. 024	−0. 070 ***	−0. 067 ***
				（−0. 759）	（−2. 847）	（−2. 802）

表4.4(续)

变量	非耐用消费产出比作为因变量			控制政府支出结构的影响		
	（1）	（2）	（3）	（4）	（5）	（6）
常数项	0.230 *** (15.920)	0.287 *** (22.031)	0.228 *** (10.677)	0.660 *** (32.689)	0.806 *** (33.742)	0.852 *** (19.556)
个体固定效应	是	是	是	否	否	否
时间固定效应	是	是	是	是	是	是
观测值	646	633	626	539	528	526
R^2	0.702	0.805	0.819	0.480	0.591	0.595
国家数	25	25	25	27	27	27

注：括号内为 t 统计量，***、**、* 分别表示在1%、5%、10%的置信水平上显著。模型（1）至模型（3）的因变量为居民非耐用消费产出比，模型（4）至模型（6）的因变量为居民消费率。

4.4.2.3　不同样本结构的稳健性

鉴于国与国之间可能存在难以控制的异质性因素以及短期经济波动对数据结构可能产生的影响，本节试图通过缩小样本范围和平滑数据两种方式来削除异质性样本对基准回归结果的影响。一方面，本书实证分析的基本样本范围包括28个OECD成员，但是这些国家加入OECD组织的时间并不相同，并且经济发展水平也存在差异；此外，OECD组织接纳后期新进成员的决定也受这些国家的经济发展水平影响，本书的基准样本可能存在异质性。为此，我们使用只包括17个创始成员[①]的样本重新进行估计检验，以减少样本异质性的影响。另一方面，本书还尝试使用各变量的三年移动平均值来进行分析，以消除短期经济波动的影响。这里，我们只报告了固定效应模型的回归结果（见表4.5）。

---

① 1961年宣布成立并加入OECD组织的包括20个国家，分别是：美国、英国、法国、德国、意大利、加拿大、爱尔兰、荷兰、比利时、卢森堡、奥地利、瑞士、挪威、冰岛、丹麦、瑞典、西班牙、葡萄牙、希腊、土耳其。其中，冰岛、卢森堡和土耳其缺少税率数据，因此我们实际分析的国家只有17个。

表 4.5　稳健性检验：不同样本结构的回归结果

变量	基于创始成员的样本			三年移动平均的样本		
	（1）	（2）	（3）	（4）	（5）	（6）
消费税税率	−0.408***	−0.236***	−0.250***	−0.447***	−0.229***	−0.235***
	（−8.417）	（−5.520）	（−5.857）	（−10.999）	（−6.745）	（−6.685）
劳动税税率	−0.333***	−0.099***	−0.142***	−0.398***	−0.064**	−0.029
	（−8.453）	（−2.725）	（−3.596）	（−11.911）	（−2.064）	（−0.866）
资本税税率	−0.350***	−0.162***	−0.178***	−0.398***	−0.170***	−0.150***
	（−10.072）	（−5.183）	（−5.530）	（−13.374）	（−6.423）	（−5.229）
总体宏观税负	0.627***	0.185***	0.233***	0.666***	0.144***	0.088
	（9.981）	（3.136）	（3.739）	（11.839）	（2.758）	（1.599）
人均 GDP	—	−0.009**	−0.017***		−0.003	−0.003
		（−2.373）	（−3.886）		（−1.090）	（−0.957）
工业化进程	—	−0.342***	−0.325***		−0.364***	−0.365***
		（−10.843）	（−10.178）		（−12.437）	（−12.469）
通货膨胀率			−0.014			−0.147***
			（−0.337）			（−5.147）
失业率	—		−0.037			−0.071**
			（−1.009）			（−2.546）
社会抚养比	—	—	−0.397***			0.053
			（−3.676）			（0.940）
常数项	0.592***	0.744***	0.889***	0.611***	0.732***	0.726***
	（24.635）	（33.640）	（20.024）	（27.167）	（36.646）	（25.815）
个体固定效应	是	是	是	是	是	是
时间固定效应	是	是	是	是	是	是
观测值	617	585	584	849	809	799
R^2	0.425	0.584	0.595	0.427	0.572	0.587
国家数	17	17	17	28	28	28

注：括号内为 t 统计量，***、** 和 * 分别表示在1%、5%和10%的置信水平上显著。模型（1）至模型（3）为基于创始会员样本的固定效应回归结果，模型（4）至模型（6）为三年移动平均值的固定效应回归结果。

　　表 4.5 中的回归结果与前面的分析保持一致，即基于创始成员样本进行回归或者进行数据平滑以排除经济波动的干扰之后，消费税、劳动税和资本税的系数仍然显著为负。值得注意的是，三种税率对居民消费率的抑制程度同样表现出"消费税>资本税>劳动税"的排序。整体而言，当我们

缩小回归样本和进行数据平滑以减少样本异质性的影响时，基本的回归结论保持不变。

4.4.2.4 考虑时间序列数据问题的稳健性

本书的数据样本涵盖时间范围较长（1965—2014 年），有可能存在时间序列分析常会遇到的两个问题：一是扰动项的序列自相关问题；二是变量单位根问题。首先，对于第一个问题，我们已在前面使用综合考虑异方差和序列相关因素的 XTSCC 模型进行了修正。然而，考虑到序列自相关问题对于"长面板"数据而言更为突出，我们还尝试使用"面板矫正标准误差"模型（XTPCSE）进行修正回归。在回归中，我们假设样本数据既存在组间异方差和组间同期相关，也存在组内序列自相关。其次，对于第二个问题，我们利用 IPS 检验（im-pesaran-shin test）和费雪式检验（fisher-type test）对所有变量进行了检验。IPS 检验和不考虑时间趋势项的费雪式检验表明，所有变量基本上不存在单位根问题，而考虑时间趋势项的费雪式检验则表明，部分变量存在这一问题[①]。为了提高分析结果的稳健性，我们采取最保守的假定，即假设所有变量都存在单位根问题，并借鉴 Eenders（2004）等研究的做法，对所有变量取一阶差分后进行回归分析，分析方法采用综合考虑异方差和序列相关因素 XTSCC 模型。值得注意的是，取差分后的各变量不再存在单位根问题。XTPCSE 模型和一阶差分 XTSCC 模型的回归结果如表 4.6 所示。

表 4.6 XTPCSE 模型和一阶差分 XTSCC 模型的回归结果

变量	XTPCSE			XTSCC（一阶差分）		
	（1）	（2）	（3）	（4）	（5）	（6）
消费税税率	-0.299 ***	-0.169 ***	-0.170 ***	-0.249 ***	-0.143 ***	-0.145 ***
	（-8.52）	（-5.70）	（-5.75）	（-5.60）	（-4.57）	（-5.02）
劳动税税率	-0.279 ***	-0.110 ***	-0.105 ***	-0.220 ***	-0.123 ***	-0.114 ***
	（-7.95）	（-4.97）	（-4.53）	（-4.90）	（-3.90）	（-4.04）

----

① 由于本书使用的是非平衡面板数据，IPS 检验和费雪式检验较为适用。检验结果具体包括：当不考虑时间趋势项而只考虑漂移项的时候，费雪式检验表明所有变量均不存在单位根问题；当考虑漂移项而不考虑时间趋势项的时候，IPS 检验结果表明只有人均 GDP 存在单位根问题，而费雪式检验表明除了资本税率、工业化率和社会抚养比之外，其他变量均存在单位根问题。值得注意的是，如果对所有变量取一阶差分，则通过了 IPS 检验和绝大多数的费雪式检验，即表明不再存在单位根问题。由于篇幅限制，检验结果不再展示。

表4.6(续)

变量	XTPCSE			XTSCC（一阶差分）		
	（1）	（2）	（3）	（4）	（5）	（6）
资本税税率	-0.170***	-0.051***	-0.050***	-0.122***	-0.041*	-0.035*
	(-5.73)	(-2.92)	(-2.72)	(-2.87)	(-2.02)	(-1.73)
总体宏观税负	0.476***	0.156***	0.151***	0.430***	0.194***	0.184***
	(7.36)	(4.14)	(3.81)	(3.76)	(3.17)	(3.71)
人均GDP	—	-0.009**	-0.013***	—	-0.015**	-0.021**
		(-2.44)	(-3.32)		(-2.41)	(-2.43)
工业化进程	—	-0.439***	-0.438***	—	-0.453***	-0.450***
		(-15.24)	(-14.72)		(-9.52)	(-9.52)
通货膨胀率	—	—	-0.051***	—	—	-0.021
			(-3.55)			(-0.87)
失业率	—	—	-0.031	—	—	-0.052
			(-1.09)			(-0.86)
社会抚养比	—	—	-0.120	—	—	-0.030
			(-1.56)			(-0.19)
常数项	0.591***	0.772***	0.818***	-0.006***	-0.003*	-0.001
	(41.79)	(62.73)	(26.49)	(-6.99)	(-1.98)	(-0.94)
个体固定效应	是	是	是	是	是	是
时间固定效应	是	是	是	是	是	是
观测值	903	863	853	875	835	825
R^2	0.986	0.995	0.996	0.253	0.466	0.475
国家数	28	28	28	28	28	28

注：括号内为 t 统计量，***、** 和 * 分别表示在1%、5%和10%的置信水平上显著。模型（1）至模型（3）为 XTPCSE 模型的回归结果，模型（4）至模型（6）为所有变量取一阶差分后的 XTSCC 模型回归结果。

如表4.6所示，在综合解决扰动项序列自相关和数据单位根等问题之后，基本结果仍保持不变，即消费税、劳动税和资本税三种税率对居民消费率均能产生显著为负的影响。

4.4.2.5 工具变量估计法

值得注意的是，在式（4.26）中，消费税的平均有效税率可能存在内生性问题。这是因为我们在测算消费税率时，所使用的分母与居民消费率的分子是高度一致的。因此，居民消费率与消费税率之间存在着显著的反向关系。为此，本书考虑使用工具变量法来进行回归分析，以提高分析结果的稳健性。借鉴相关文献中的做法（Lee et al.，2005；Liu et al.，2015），我们选取其他国家当年同一种税率的空间加权平均值来构建本国税率的工具变量。这一做法的核心逻辑是基于空间经济学的判断，即各国的税收政策在空间上存在策略互动（存在着空间相关性），而他国的居民消费率不大可能直接影响本国的税收政策①。具体而言，对于给定国家 m 的消费税率 tc_m 而言，工具变量的构造公式为

$$ivtc_m = \sum_{n \neq m} w_{mn} tc_n \qquad (4.32)$$

其中，tc_n 表示除了 m 国之外其他 OECD 成员的消费税率，而 w_{mn} 表示相应国家的权重。我们选取国家之间距离的倒数作为空间权重：假设之间国家 m 与国家 n 的空间距离为 d_{mn}，则 $w_{mn} = 1/d_{mn}$。在构造工具变量时，为了保证权重之和为1，我们需要参照空间计量经济学的普遍做法对权重矩阵进行标准化，即对于给定的 m 国而言，其他国家的权重分别为

$$w_{mn} = \frac{1/d_{mn}}{\sum_{n \neq m} (1/d_{mn})} \qquad (4.33)$$

结合式（4.32）和式（4.33），本书构建了 OECD 各成员历年各种税率的工具变量。同时，遵循文献上的一般做法，我们还选取税率本身滞后二期的变量作为第二个工具变量，以满足过度识别检验的要求，从而能够检验工具变量的外生性条件。表4.7 汇报了工具变量的回归结果：模型（1）至模型（3）将消费税率视为内生变量，模型（4）将三种税率均视为内生变量，工具变量采用上述讨论的相关税率（他国）的加权平均数和其本身的二阶滞后项。

表4.7　稳健性检验：工具变量法的回归结果

变量	（1）	（2）	（3）	（4）
消费税税率	-0.622 *** (-11.110)	-0.356 *** (-7.331)	-0.381 *** (-7.604)	-0.368 *** (-6.542)
劳动税税率	-0.454 *** (-13.194)	-0.136 *** (-4.182)	-0.116 *** (-3.356)	-0.310 *** (-3.685)

---

① 为了检验工具变量的外生性，我们将构造的工具变量同内生税率变量一起放到基准回归模型之中进行检验。结果表明，工具变量的系数均不显著。可见，我们构造的工具变量与残差并不直接相关。

表4.7(续)

变量	(1)	(2)	(3)	(4)
资本税税率	−0.360 ***	−0.166 ***	−0.147 ***	−0.356 ***
	(−11.931)	(−6.577)	(−5.385)	(−5.390)
总体宏观税负	0.746 ***	0.251 ***	0.211 ***	0.563 ***
	(13.244)	(4.763)	(3.845)	(4.473)
人均 GDP	—	−0.005	−0.004	−0.005
		(−1.534)	(−1.059)	(−1.362)
工业化进程	—	−0.342 ***	−0.338 ***	−0.253 ***
		(−11.932)	(−11.713)	(−5.684)
通货膨胀率	—	—	−0.108 ***	−0.101 ***
			(−3.877)	(−3.331)
失业率	—	—	−0.037	−0.000
			(−1.369)	(−0.014)
社会抚养比	—	—	0.095 *	−0.057
			(1.734)	(−0.800)
个体固定效应	是	是	是	是
时间固定效应	是	是	是	是
观测值	888	849	843	809
R^2	0.386	0.549	0.553	0.520
国家数	28	28	28	28
Cragg-Donald F 统计量	440	327.8	321	34.73
Sargan 检验统计量（p-value）	0.099	0.965	0.383	0.210

注：括号内为 t 统计量，*** 、** 和 * 分别表示在1%、5%和10%的置信水平上显著。

根据表4.7可知，Cragg-Donald F 统计量远大于10，表明模型不存在弱相关问题，所选取的工具变量满足工具变量有效性的要求之一；Sargan 检验的结果表明，工具变量基本满足外生性的要求。当使用税率的滞后变量和空间加权变量作为工具变量进行回归时，结果仍然保持稳定，即在解决内生性问题之后，消费税、劳动税和资本税对消费产出比仍然能够产生显著为负的影响；此外，当引入所有控制变量时，三种税率对消费产出比的影响仍然表现出"消费税>资本税>劳动税"的情况，这与基准保持一致。值得注意的是，三种税率的影响程度相对于基本回归而言均有所提高，说明如果考虑内生性问题，则税率对消费产出比的影响更大。

4.5 进一步讨论

在理论分析中，我们论证了不同税率对居民消费率的可能影响机制。鉴于居民消费率本身涉及居民消费和总产出这两个变量，不同税率通过影响居民消费和总产出最终作用于消费产出比。因此，为进一步梳理理论分析中的影响机制，我们设计了一系列实证模型来对这些可能的渠道进行检验，并尝试在理论上对实证结果进行解释。具体而言，我们以居民消费对数（$\ln C$）和总产出（以 GDP 代表，$\ln Y$）为因变量来分别分析消费税、劳动税和资本税的影响。税制结构对居民消费和总产出的影响如表 4.8 所示。

表 4.8 税制结构对居民消费和总产出的影响

变量	$\ln C$		$\ln Y$	
	（1）	（2）	（3）	（4）
消费税税率	−0.628***	−0.816***	−0.070	−0.021
	（−4.017）	（−5.191）	（−0.305）	（−0.100）
劳动税税率	0.402***	0.352**	0.719***	0.473**
	（2.780）	（2.345）	（3.383）	（2.363）
资本税税率	−0.394***	−0.393***	−0.371**	−0.572***
	（−3.211）	（−3.085）	（−2.059）	（−3.403）
总体宏观税负	−0.004	0.140	−1.041***	−0.167
	（−0.016）	（0.569）	（−2.952）	（−0.511）
工业化进程	−0.233*	−0.187	2.933***	2.251***
	（−1.716）	（−1.430）	（17.993）	（14.832）
通货膨胀率	—	−0.650***	—	−0.701***
		（−5.970）		（−5.109）
失业率	—	−0.361***	—	−1.255***
		（−2.933）		（−8.148）
社会抚养比	—	−0.722***	—	−3.507***
		（−2.845）		（−11.173）
人均 GDP	0.341***	0.316***	—	—
	（22.959）	（19.747）		

表4.8(续)

变量	ln*C*		ln*Y*	
	(1)	(2)	(3)	(4)
常数项	9.528*** (102.394)	9.842*** (83.176)	9.371*** (69.429)	10.702*** (69.290)
个体固定效应	是	是	是	是
时间固定效应	是	是	是	是
观测值	863	853	871	861
R^2	0.989	0.990	0.978	0.984
国家数	28	28	28	28

注：括号内为 *t* 统计量，***、**、* 分别表示在 1%、5%、10% 的置信水平上显著。模型（1）至模型（3）的因变量为居民消费对数，模型（4）至模型（6）的因变量为总产出对数。

总结表 4.8 中的检验结果，我们发现以下三个特征：

第一，消费税对居民消费的影响显著为负，而对总产出的影响不显著。这比较符合直观的感觉，即消费税对个体的消费产生了直接的抑制效应，但同时它鼓励了储蓄，因此有利于总产出的扩大。由此，消费税导致了消费产出比的下降。

第二，劳动税对居民消费和总产出均产生了显著为正的影响。其背后的逻辑可能在于，劳动税提高所同时带来的替代效应和收入效应。其中，对于替代效应而言，劳动税增加提高了劳动相对于闲暇的价格，居民个人会用闲暇（或消费）替代劳动；对于收入效应而言，劳动税增加导致收入下降，为了增加收入，居民个人会增加劳动供给，进而导致总产出上升、消费上升。从实证检验的结果来看，收入效应可能占了主导地位，进而导致了消费产出比下降。

第三，资本税对居民消费和总产出的影响基本上显著为负。其原因也是比较直观的，资本税的增加会直接抑制投资、减少资本积累，因此总产出下降、消费下降。

这里需要特别指出的是，正如理论模型所揭示的，税制结构对消费产出比的影响机理本身是比较复杂的，上述讨论仅对其中潜在的可能机制进行了初步探索，要想更为细致地梳理，还有待后续的研究。

4.6　研究结论

居民消费代表着经济增长的需求动力和增长效果，研究财税政策对其影响历来是文献中的重要主题。政府征收的所有税收均可归为资本、劳动和消费三大类，它们对消费和经济产出的影响机制和影响程度有很大区别。我们以居民消费占总产出的比重来代表居民消费相对水平，通过理论分析与实证分析相结合，研究三种税收对它的影响。总体结论有以下两点：

第一，理论分析发现，提高消费税税率和资本税税率导致居民消费率下降，提高劳动税税率在较大的数值范围内导致居民消费率下降。

第二，本书测算了 1965—2014 年 OECD 成员的资本、劳动和消费的平均有效税率，在此基础上实证分析了它们对居民消费率的影响。研究发现，各种税率对消费产出比均起到抑制作用；抑制强度排序是消费税强于资本税，资本税强于劳动税。

综上所述，理论分析和实证分析的结论表明，税收确实能够影响居民的消费需求，我们从中能得到两点政策启示：第一，在当前全球面临增长动力不足、需求不振的情况下，本书观点恰恰支撑了"需求侧管理和供给侧结构性改革并重，努力扩大全球总需求"这一论点。因为减税不但是传统的供给侧管理的主要手段，同时我们研究发现，它还会产生扩大有效需求的作用，产生"需求侧与供给侧"并重的结果。第二，限于个人所得税和财产税改革的滞后，政府对居民资本所得和财产征税程度很轻。本书研究发现，对消费征税对居民消费率的抑制作用强于对资本征税。对此，从扩大国内有效需求的角度出发，本书建议将税制结构改革同"减税降费"政策的结构性调整结合起来，增强对增值税等流转税的减税力度，同时相对减少对所得税和财产税的减税力度，在扩大内需与税负减免之间寻求共同着力点。

5 财政支出结构对居民消费需求的影响

5.1 研究思路和分析框架

根据已有文献结果我们可以发现，不同的财政支出类型对居民消费的影响差异较大。其中，核心问题——生产性支出与非生产性支出对于居民消费究竟是正向影响还是负向影响，学者之间仍没有达成一致。此外，财政支出需要税收筹集资金，降低居民可支配收入；但同时，政府支出有可能促进经济增长，增加居民收入。两者对居民消费呈现反向作用。

因此，在现有文献基础上，我们还可以进行两方面拓展：一是综合考虑政府收入支出，在同时包含政府支出的内生增长模型框架下分析财政支出结构对居民消费的影响，可以丰富这个问题的理论研究工作；二是本章将不再沿用常见方式，即使用生产性支出与非生产性支出（或其他支出分类）的数量指标进行研究，而是使用生产性支出对整体财政支出的占比这样一个结构性指标。无论各类支出对居民消费具体是正向影响还是负向影响，该指标反映结构划分的综合结果，能更加直观、明确地展示出财政支出结构对居民消费率的作用方式。

本章将从理论和实证两个方面出发，研究财政支出结构对居民消费率的影响。

在理论方面，本章第二部分借鉴 Barro（1990）、吕冰洋和毛捷（2014）的分析框架，将财政支出按照功能差异划分为生产性支出和非生产性支出，在内生增长框架下通过动态最优化求解，并进行静态比较，来分析当经济系统到达均衡增长路径时，财政支出结构的变动对居民消费率的影响。

在实证方面，本章第三部分进行计量模型与数据介绍。第四部分与第五部分综合使用我国的县级面板数据和省级面板数据进行实证分析与稳健性检验。之所以采用两套数据分别进行分析，主要是基于财政支出结构数据的一致性和可得性考虑。一方面，我国政府收支分类科目在2007年实施了改革，2007年前后的财政支出数据在很大程度上失去可比性。相比较而言，2007年之前的财政支出数据较为容易确定生产性支出。另一方面，对于县级面板数据而言，2007年之前才有较为详细的财政支出项目数据；对于省级面板数据而言，1994年之后都具有财政支出项目数据。因此，为了提高扩大样本量、增强分析结果的稳健性，本书在2007年之前使用县级面板数据进行分析，样本时间范围是2002—2006年；在2007年及以后使用省级面板数据进行分析。在实证方法上，除了基本的固定效应模型之外，我们还尝试使用XTSCC模型、更换因变量、分样本回归等方式进行稳健性分析，增强分析结果的可靠性。本章第六部分对研究结论进行总结。

5.2　理论分析

本书利用动态一般均衡分析框架来分析政府的财政支出结构对居民消费率的影响。在理论模型当中，财政生产性支出作为企业生产函数的重要生产要素之一，能够增加企业产出，进而提高居民可支配收入。另外，财政支出来源于税收，会降低居民可支配收入。那么综合两个方面，当经济位于均衡状态时，政府财政支出结构的变动如何影响居民消费率的变化呢？本书借鉴Barro（1990）的分析框架，构建纳入政府支出结构的内生增长模型，并通过动态最优化求解来加以分析。

5.2.1　基本假设和模型设定

5.2.1.1　家庭

按照文献中的通常做法，本书假定经济体由连续同质且具有无限寿命的家庭组成，每个家庭只有单个个体，且人口增长率为0。家庭的目标效用函数为

$$\max \int_0^\infty \frac{\left(\omega c^\psi + \xi g_c^\psi\right)^{\frac{1-\sigma}{\psi}} - 1}{1 - \sigma} e^{-\rho t} \mathrm{dt} \tag{5.1}$$

其中，c 表示家庭消费；g 表示政府人均消费性公共支出；分布参数集 $\{\omega, \xi\} \in (0, 1)$ 衡量了家庭消费、政府的人均消费性公共支出之间的相对重要性，且 $\omega + \xi = 1$；σ 表示相对风险规避系数；ρ 表示主观贴现率；e 表示连续利率折现；$\varepsilon = \dfrac{1}{1 - \psi}$，表示同期不同消费之间的替代弹性，同时 $\sigma > 0$，$\psi < 1$ 且 $\psi \neq 0$。

家庭的资本积累方程为

$$k = (1 - \tau) y - c \tag{5.2}$$

其中，k 表示劳均资本，y 表示劳均产出，τ 表示宏观税负率。式（5.2）表明，家庭的税收可支配收入主要用于消费和资本积累两个方面。

5.2.1.2 厂商

本书假设企业的生产函数包括两类投入要素：资本和政府生产性支出，并且生产函数对资本和政府生产性支出表现出规模报酬不变的特征。为了刻画不同要素投入的差异性作用，我们采用 CES 函数形式设定企业生产函数，具体设定如下：

$$y = \left(\alpha k^\theta + \beta g_p^\theta\right)^{\frac{1}{\theta}} \tag{5.3}$$

其中，$\alpha + \beta = 1$，$\theta < 1$；g_p 表示政府的生产性公共支出；α、β 分别表示资本、政府生产性支出等要素投入在企业生产活动中的相对重要性；θ 用于衡量不同要素之间的替代弹性。

5.2.1.3 政府

为了便于分析，本书假设政府通过征收单一的收入税（宏观税负率为 τ）来筹集政府支出，则政府的财政预算约束方程为

$$g = \tau y \tag{5.4}$$

假设政府财政支出中用于生产性支出的比例为 φ，则有

$$g_c = (1 - \phi) g, \quad g_p = \phi g \tag{5.5}$$

5.2.2 竞争性均衡求解

联立式（5.1）和式（5.2），构造汉密尔顿函数求解家庭最优化问题，有

$$H = \frac{(\omega c^{\psi} + \xi g_c^{\psi})^{\frac{1-\sigma}{\psi}} - 1}{1 - \sigma} + \lambda \left[(1 - \tau) y - c \right] \qquad (5.6)$$

其中，λ 表示资本的影子价格，则一阶条件为

$$\lambda = \omega (\omega c^{\psi} + \xi g_c^{\psi})^{\frac{1-\sigma-\psi}{\psi}} c^{\psi - 1} \qquad (5.7)$$

式（5.7）两边取对数并对时间求导可得

$$(1 - \sigma - \psi) \frac{\omega c^{\psi} \frac{\dot{c}}{c} + \xi g_c^{\psi} \frac{\dot{g_c}}{g_c}}{\omega c^{\psi} + \xi g_c^{\psi}} + (\psi - 1) \frac{\dot{c}}{c} = \frac{\dot{\lambda}}{\lambda} \qquad (5.8)$$

欧拉方程为

$$\dot{\lambda} = \rho \lambda - \frac{\partial H}{\partial k} = \rho \lambda - \alpha \lambda (1 - \tau) (\alpha k^{\theta} + \beta g_p^{\theta})^{\frac{1}{\theta} - 1} k^{\theta - 1} \qquad (5.9)$$

横截性条件为

$$\lim_{t \to \infty} \lambda k e^{-\rho t} = 0 \qquad (5.10)$$

将式（5.4）和式（5.5）代入式（5.9）可得

$$\frac{\dot{\lambda}}{\lambda} = \rho - \alpha (1 - \tau) \left[\alpha \left(\frac{k}{y} \right)^{\theta} + \beta (\phi \tau)^{\theta} \right]^{\frac{1}{\theta} - 1} \left(\frac{k}{y} \right)^{\theta - 1} \qquad (5.11)$$

由生产函数和政府预算平衡式可得

$$\frac{k}{y} = \left[\frac{1}{\alpha} - \frac{\beta}{\alpha} (\phi \tau)^{\theta} \right]^{\frac{1}{\theta}} \qquad (5.12)$$

将式（5.12）代入式（5.11）可得

$$\frac{\dot{\lambda}}{\lambda} = \rho - \alpha (1 - \tau) \left[\frac{1}{\alpha} - \frac{\beta}{\alpha} (\phi \tau)^{\theta} \right]^{\frac{\theta - 1}{\theta}} \qquad (5.13)$$

政府预算约束方程式（5.4）和式（5.5）意味着 $\frac{\dot{g_c}}{g_c} = \frac{\dot{y}}{y}$。当经济系统位于均衡增长路径时，经济均衡增长率等于消费增长率，即有 $\frac{\dot{y}}{y} = \frac{\dot{c}}{c}$，则式（5.8）可变为

$$- \sigma \frac{\dot{c}}{c} = \frac{\dot{\lambda}}{\lambda} \qquad (5.14)$$

结合式（5.13）和式（5.14）可求得人均消费增长率 γ_c 为

$$\gamma_c = \frac{\dot{c}}{c} = \frac{\alpha(1-\tau)\left[\frac{1}{\alpha} - \frac{\beta}{\alpha}(\phi\tau)^{\theta}\right]^{\frac{\theta-1}{\theta}} - \rho}{\sigma} \tag{5.15}$$

借鉴 Barro（1990）的做法，我们对增长率范围及其他系数做出限定，仅考虑经济增长率大于 0 小于 1 的情况，当 $\frac{\dot{c}}{c} \in (0, 1)$ 时，有

$$\frac{\alpha(1-\tau)}{\rho} > \left[\frac{1}{\alpha} - \frac{\beta}{\alpha}(\phi\tau)^{\theta}\right]^{\frac{1-\theta}{\theta}} > \frac{\alpha(1-\tau)}{\sigma+\rho} \tag{5.16}$$

由资本积累函数可以得到 $\frac{c}{y} = (1-\tau) - \frac{\dot{k}}{k} \cdot \frac{k}{y}$，又当经济系统位于均衡增长路径时，经济均衡增长率等于资本增长率，即有 $\frac{\dot{c}}{c} = \frac{\dot{k}}{k}$，可得

$$\frac{c}{y} = (1-\tau) - \frac{\alpha(1-\tau)\left[\frac{1}{\alpha} - \frac{\beta}{\alpha}(\phi\tau)^{\theta}\right]^{\frac{\theta-1}{\theta}} - \rho}{\sigma} \cdot \left[\frac{1}{\alpha} - \frac{\beta}{\alpha}(\phi\tau)^{\theta}\right]^{\frac{1}{\theta}} \tag{5.17}$$

5.2.3 比较静态分析和影响机制探讨

当经济系统位于均衡增长路径上时，将居民消费率 $\frac{c}{y}$ 对财政支出结构系数 ϕ 求导可得

$$\frac{\mathrm{d}(c/y)}{\mathrm{d}\phi} = \frac{\tau^{\theta}\beta}{\sigma}\phi^{\theta-1}\left\{\theta(1-\tau) - \frac{\rho}{\alpha}\left[\frac{1}{\alpha} - \frac{\beta}{\alpha}(\phi\tau)^{\theta}\right]^{\frac{1-\theta}{\theta}}\right\} \tag{5.18}$$

依据式（5.16），当经济增长率为正时，恒有式（5.19）成立，即

$$\alpha(1-\tau) > \rho\left[\frac{1}{\alpha} - \frac{\beta}{\alpha}(\phi\tau)^{\theta}\right]^{\frac{1-\theta}{\theta}} \tag{5.19}$$

由于 $\alpha(1-\tau)$ 为大于 0 的常数，$\theta\alpha(1-\tau)$ 是 θ 的单调增函数，又 $\theta \leqslant 1$，$\theta\alpha(1-\tau) \in [-\infty, \alpha(1-\tau)]$，存在 $\theta^* > 0$，使得当 $\theta \in (\theta^*, 1]$ 时，有 $\theta(1-\tau) - \frac{\rho}{\alpha}\left[\frac{1}{\alpha} - \frac{\beta}{\alpha}(\phi\tau)^{\theta}\right]^{\frac{1-\theta}{\theta}} > 0$ 成立。此时，当 ϕ 上升时，居民消费率随之上升。

当 $\theta \in (-\infty, \theta^*)$ 时，有 $\theta(1-\tau) - \dfrac{\rho}{\alpha}\left[\dfrac{1}{\alpha} - \dfrac{\beta}{\alpha}(\phi\tau)^{\theta}\right]^{\frac{1-\theta}{\theta}} < 0$ 成立。此时，当 ϕ 上升时，居民消费率随之下降。

需要注意的是，尽管在理论分析中 ϕ 对 $\dfrac{c}{y}$ 的影响会因 θ 的变化而存在差异，但是在现实当中，θ 并不是随意取值的，存在着一定的约束性。当 $\theta = 0$ 时，即生产函数为柯布道格拉斯函数时，可以明确 $\dfrac{c}{y}$ 与 ϕ 之间是负相关关系，可知 θ^* 必然大于 0。因此 $\theta \in (\theta^*, 1]$ 的范围远小于 $\theta \in (-\infty, \theta^*)$。就本模型设定的企业生产函数 $y = (\alpha k^{\theta} + \beta g_p^{\theta})^{\frac{1}{\theta}}$ 而言，其要素替代弹性为 $\Omega = \dfrac{1}{1-\theta}$。也就是说，只有在 θ 接近 1 时，要素替代弹性无穷大时，才会出现正相关关系。而现实生活中，政府提供的公共产品经常替代弹性较小的物品。目前，学术研究测算的要素替代弹性 $\Omega = \dfrac{1}{1-\theta}$ 集中于 $(0, 1)$（郝枫 等，2014；战岐林 等，2015；油永华，2017），此时 $\theta < 0$，所以现实生活中，当经济正增长时，$\dfrac{c}{y}$ 与 ϕ 之间应该是负相关关系，后文不再讨论正相关情况。

之所以会出现负相关关系的原因在于：由资本积累方程 $k = y - c - g = (1-\tau)y - c$ 可知，家庭在每一期将 $(1-\tau)y$ 的产出在消费与投资之间进行分配，由于假设折旧为 0，因此投资就是下一期全部资本。当消费者增加 Δk_{t+1} 单位投资，则在下一期增加单位资本 Δk_{t+1}，家庭效用增加 $e^{-\rho}f'(k_{t+1})u'(c_{t+1})\Delta k_{t+1}$，减少 $u'(c_t)\Delta c_t$，又 $\Delta c_t = \Delta k_{t+1}$，所以效用最大化时有

$$u'(c_t) = f'(k_{t+1})u'(c_{t+1})e^{-\rho} \tag{5.20}$$

对生产函数求导可得

$$f'(k) = \left[\dfrac{1}{\alpha} - \dfrac{\beta}{\alpha}(\phi\tau)^{\theta}\right]^{-\frac{1}{\theta}} \tag{5.21}$$

继续对 $f'(k)$ 中的 ϕ 求导可得

$$\dfrac{df'(k)}{d\phi} = \dfrac{\beta\tau^{\theta}\phi^{\theta}}{\alpha\left[\dfrac{1}{\alpha} - \dfrac{\beta}{\alpha}(\phi\tau)^{\theta}\right]^{\frac{1}{\theta}+1}} \tag{5.22}$$

通过式（5.22）可知，$f'(k)$ 与 ϕ 成正相关关系；当 $f'(k_{t+1})$ 上升时，$u'(c_t)$ 相应变大；由于边际效用函数是递减的，所以 c_t 下降。

由此，我们可知政府的生产性支出带来边际生产率上升引致了私人投资的上升，挤出了私人消费，从而引起了居民消费下降。同时，生产率的上升以及投资的增加带来产出扩大，使得居民消费率进一步下降。

基于上述理论分析结论，本书将以县级面板数据为基础，设计实证模型对财政支出结构与居民消费率之间的关系进行实证检验，并进行相关稳健性分析以提供可靠的经验证据。

5.3　数据基础和实证策略

本章将结合我国的县级面板数据和省级面板数据进行实证分析[①]。之所以采用两套数据分别进行分析，主要是基于财政支出结构数据的一致性和可得性考虑。如前面所述，一方面，我国政府收支分类科目在 2007 年实施了改革，2007 年前后的财政数据不具有可比性。相比较而言，2007 年之前的财政支出数据较为容易确定生产性支出。另一方面，对于县级面板数据而言，2007 年之前才有较为详细的财政支出项目数据；对于省级面板数据而言，1994 年之后都具有财政支出项目数据。因此，为了提高扩大样本量、增强分析结果的稳健性，本书在 2007 年之前使用县级面板数据进行分析，样本时间范围为 2002—2006 年；在 2007 年及以后使用省级面板数据进行分析。

5.3.1　计量模型和实证策略

在计量模型中，本书以财政生产性支出占比为核心解释变量，居民消费率为被解释变量，具体的计量模型的设定为

$$\text{cyratio}_{it} = c + \beta_1 \cdot \text{prod}_{it} + \beta_2 \cdot X_{it} + \mu_i + \tau_t + \varepsilon_{it} \qquad (5.23)$$

在式（5.23）中，i 表示地区；t 表示年份；c 表示常数项；μ_i 表示不

---

① 第 4 章使用 OECD 数据，本章使用中国数据，这在一定程度上破坏了前后文的一致性，如 1.3.2 节所述，这是本书的不足之处。由于中国宏观层面的平均税率受限于数据情况难以测算，同时本书的研究目的在于分析中国居民消费率这一现象，提出针对本国的建议，因此我们权衡利弊以后，选择接受这种不一致，并在以后的研究中探索中国宏观平均税率测算方式。

随时间变化的个体特定效应；τ_t 表示仅随时间变化的时间效应；ε_{it} 表示与解释变量无关的随机扰动项；cyratio$_{it}$ 表示居民消费率；prod$_{it}$ 表示衡量财政生产性支出占比，以反映政府财政支出结构的影响；X_{it} 表示其他控制变量；β_1 和 β_2 分别表示相应的回归系数。

本模型采取面板数据回归方法进行实证分析。基本回归模型主要采用固定效应模型（FE）或随机效应模型（RE），并利用 Hausman 检验来确定适用模型。同时，为了提高分析结果的稳健性，本章从三个维度出发，来修正基本的回归模型：①由于本章所使用的数据涉及的时间范围较长，涉及的截面单位较多，可能存在异方差性和自相关性等问题，因此利用综合考虑异方差和序列相关因素的 XTSCC 模型对基本回归结果进行修正。②在现有的对居民消费的研究中，人均居民消费量是最常用的指标，尽管本章的核心指标选择居民消费率，但还是在稳健性检验中对人均居民消费量进行考察。其一方面可以与现有研究结论进行对比；另一方面由于居民消费率涉及消费与产出两个变量，单独研究对居民消费量的影响可以让机制更清晰。③考虑到不同区域经济社会发展水平差别较大，本章还会进行分样本研究。

5.3.2　变量选取和数据整理

5.3.2.1　居民消费率的测算

衡量居民消费率最合适的变量，就是在支出法生产总值核算框架里，用居民消费占生产总值的比重来表示。省级层面能够获取支出法生产总值的明细数据；然而，就县级地区而言，我们无法获取利用支出法核算的生产总值数据。为此，我们以社会消费品零售总额来代表居民消费，并用社会消费品零售总额占 GDP 的比重来衡量居民消费率。从全国面板数据来看，社会消费品零售总额与居民消费额在数值上较为接近，两者之间的差额相对较小。1994—2018 年全国社会消费品零售总额与居民消费具体情况如图 5.1 所示。

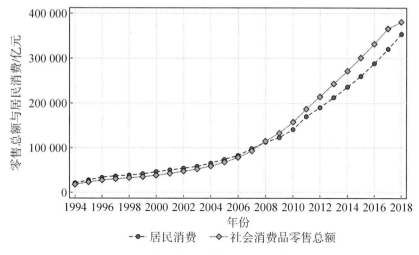

图 5.1　1994—2018 年全国社会消费品零售总额与居民消费具体情况

5.3.2.2　财政支出结构的测算

根据前一部分的理论分析，我们将财政支出分为生产性支出和非生产性支出两类。因此，准确划分财政生产性支出的范围是实证分析的关键。然而，关于如何划分生产性公共支出与非生产性公共支出，学术界却存在着较大争议。就国内学者而言，针对生产性支出范围的界定具有一定代表性的研究如表 5.1 所示。

表 5.1　国内针对生产性支出范围的界定具有一定代表性的研究

研究文献	生产性支出范围
郭庆旺、吕冰洋和张德勇（2003）	两个层次：一是财政教育经费支出、基本建设支出和科学研究支出；二是社会文教费支出和经济建设费支出
王麒麟（2011）	财政基本建设支出、财政科学支出、财政教育支出、农业支出、林业支出、水利和气象支出、工业和交通支出
胡永刚和郭新强（2012）	以经济建设为主的投资性支出，包括能源、基础设施等的投资和开发；政府服务性支出，包括科教文卫、社会保障以及国防、公共安全、环境保护、社会安全
张宇（2013）	基本建设支出、企业挖潜改造支出、城市维护建设费用支出三项之和
范庆泉、周县华和潘文卿（2015）	基本建设支出、农林水利和气象支出、交通运输支出、工商业等事务支出
贺俊和王戴伟（2017）	节能环保支出、农林水支出、城乡社区支出、交通运输支出、资源勘探信息等支出、商业服务业支出、金融支出、粮油物资储备支出

由表 5.1 可知，郭庆旺等（2003）提出两种划分方式，其中财政教育经费支出、基本建设支出和科学研究支出分别代表人力资本投入、物质资本投入和科研技术投入，对应了常见生产函数中的劳动力、资本、技术进步三大构成要素。另外，从广义来讲，知识、技能和劳动者身体健康状况都会影响劳动力质量，对相关方面的投入也可以归为人力资本投入，因此郭庆旺等（2003）定义了一个更广义的生产性支出，包括社会文教费支出和经济建设费支出，这里小口径的划分方式得到了大量学者的广泛认可与应用（严成樑 等，2009；石奇 等，2012；饶晓辉 等，2014）。除了这种划分方式，大部分学者根据自己对各项政府支出在经济社会中起到的作用的认知，定义了生产性支出的涵盖范围，对财政支出项目进行了细分。其中，比较没有争议的是基本建设类支出、交通运输类支出、能源类支出、通信支出、科研支出、农林水利支出等与经济建设息息相关，且对居民生活与其他类别支出相比影响力较小的支出项目。而医疗卫生支出、教育支出、社会保障支出等部分争议较大，部分学者认为，该部分应是具有消费性、福利性、保障性的非生产性支出（傅勇，2010；张宇，2013），但也有部分学者认为，这部分支出可以被当作对人力资本的投资，因此也与生产密切相关，应该归于生产性支出（胡永刚 等，2012）。还有部分学者只选择教育支出这种与人力资本有明显直观联系的项目进入生产性支出的范围。此外，每个学者之间在划分时又有细节上的差异，如金融、环保、公共安全等项目根据学者自身的认知有时也会划分到生产性支出中。

在跨国研究中，学者们大多按照货币基金组织（IMF）的政府财政统计数据库（GFS）所提供的功能性分类法即"政府职能分类"标准（COFOG），来划分生产性支出。GFS 在根据经济功能来划分财政支出项目时，将财政支出分为 10 类，包括一般公共服务、国防、公共秩序和安全、经济事务、环境保护、住房和社会福利设施、医疗保健、娱乐文化和宗教、教育、社会保护。其中，"经济事务"支出（economic affairs）就是典型的生产性支出。根据 2014 年政府财政统计手册（GFS2014），经济事务支出包括：一般经济、商业和劳工事务支出，农业、林业、渔业和狩猎业支出，燃料和能源支出，采矿业、制造业和建筑业支出，运输业、通信业和其他行业支出，经济事务中的"研究和发展"支出，以及其他未另分类的经济事务等。

对于中国而言，确定生产性支出的范围较为困难，原因在于中国目前的财政支出项目口径与 IMF 的标准并不一致。2007 年，中国政府收支分类科目设置进行了大幅度改变：在此之前，财政支出科目是按照支出用途分类所包含的明细状况进行设置；从 2007 年开始，国家统计局关于财政支出的分类方法参考了国际分类方法，尤其是联合国的政府职能分类和国际货币基金组织发布的政府财政统计手册相关分类。2007 年，新的政府收支分类科目的使用，造成财政支出的构成出现较大的统计差异，无法进行前后对比分析。尤其是行政管理费用、经济建设费已经被分散到包括教育、科学、文化、卫生医疗、农林水事务、城乡社区事务等各项支出，很难有明确的统计。2007 年前后财政支出项目的变化情况如表 5.2 所示。

表 5.2　2007 年前后财政支出项目的变化情况

2007 年之前	2007 年之后
① 基本建设支出	① 一般公共服务
② 挖潜改造和科技三项费用	② 外交
③ 增拨企业流动资金	③ 国防
④ 地质勘探费	④ 公共安全
⑤ 工业、交通、流通部门事业费	⑤ 教育
⑥ 支农支出	⑥ 科学技术
⑦ 城市维护建设支出	⑦ 文化体育与传媒
⑧ 文教、科学、卫生事业费	⑧ 社会保障和就业
⑨ 抚恤和社会福利救济费	⑨ 医疗卫生
⑩ 社会保障补助支出	⑩ 环境保护
⑪ 国防支出	⑪ 城乡社区事务
⑫ 行政管理费	⑫ 农林水事务
⑬ 司法支出	⑬ 交通运输
⑭ 武装警察部队支出	⑭ 资源勘探电力信息等事务
⑮ 外事支出	⑮ 商业服务业等事务
⑯ 对外援助支出	⑯ 金融监管支出
⑰ 支援经济不发达地区支出	⑰ 地震灾后恢复重建支出
⑱ 政策性补贴支出	⑱ 国土气象等事务
⑲ 其他部门的事业费	⑲ 住房保障支出
⑳ 其他支出	⑳ 粮油物资储备管理等事务
㉑ 中央预备费	㉑ 国债付息支出
㉒ 地方预备费	㉒ 其他支出
㉓ 教育费附加支出	
㉔ 行政事业单位离退休经费	
㉕ 用车购税收入安排的支出	
㉖ 预算外资金改革支出	
㉗ 国内外债务付息支出	

资料来源：根据《财政部关于印发政府收支分类改革方案的通知》相关内容整理。

由表 5.2 可知，尽管 2007 年我国的政府收支分类科目开始参照 GFS 统计手册进行调整，但是与 GFS 按经济功能划分的财政支出项目分类之间仍存在一定差距。"经济事务"支出项目范围的确定如表 5.3 所示。

表 5.3 "经济事务"支出项目范围的确定

GFS 关于"经济事务"支出的项目内容	我国财政支出的项目内容
① 一般经济、商业和劳工事务 ② 农业、林业、渔业和狩猎业 ③ 燃料和能源 ④ 采矿业、制造业和建筑业 ⑤ 运输业 ⑥ 通信业 ⑦ 其他行业 ⑧ 经济事务中的"研究和发展"	① 科学技术 ② 城乡社区事务 ③ 农林水事务 ④ 交通运输 ⑤ 资源勘探电力信息等事务 ⑥ 商业服务业等事务 ⑦ 金融监管支出 ⑧ 国土气象等事务 ⑨ 粮油物资储备管理等事务

根据表 5.3，我们确定了"经济事务"支出的基本口径。此外，有些学者也将医疗、教育、住房等支出归为生产性支出。为此，本书将综合考虑 2007 年前后的财政收支科目设置情况，并参照 GFS2014 中关于"经济事务"支出的核算方法，大体测算出财政生产性支出的范围①。

本章采用的县级面板数据涵盖的时间范围为 1997—2006 年，所涉及的财政支出科目仍为改革之前的旧科目。因此，根据可获得的县级财政面板数据，并参考已有文献的做法，本章选取基本建设支出、支援农业生产支出、教育支出、科学支出四项作为生产性支出。1997—2006 年县级地区生产性支出占比的核密度分布如图 5.2 所示。

---

① 由于国家统计局及各省份的统计年鉴仅将财政支出项目公布到了"类"一级，更加明细的"项"和"目"均未公布，因此我们无法严格地按照 GFS 的核算方法来准确划定"经济事务"的支出范围。

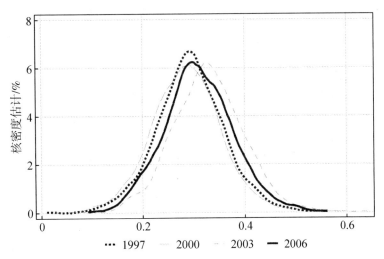

图 5.2　1997—2006 年县级地区生产性支出占比的核密度分布①

本章省级面板数据为 2007 年以后的数据。过去的类目被分解编入新的分类方式中，很难延续 2007 年以前的生产性支出的定义与范围。一般来说，最简单常见的做法，就是直接使用经济事务支出作为生产性支出（表 5.4 中小口径指标）。本章还提供另一个包含住房保障与教育的指标（表 5.4 中大口径指标）以尝试接近 2007 年以前的分类方式，但是统计方式变动太大，如科研支出已分解进入各项，因此还是会与 2007 年以前所划分的生产性支出覆盖的范围有很大的不同，仅作为一种参考进行展示。

本章按照生产性支出范围的不同，设计两个口径的生产性支出指标来进行分析，具体见表 5.4。

表 5.4　生产性支出的指标口径

指标口径	内容范围
生产性支出 （小口径）	经济事务 = 科学技术+城乡社区事务+农林水事务+交通运输+资源勘探电力信息等事务+商业服务业等事务+金融监管支出+国土气象等事务+粮油物资储备管理等事务
生产性支出 （大口径）	经济事务+住房保障+教育

① 这里仅显示代表性年份相关数据。

根据表 5.4 列举的两种口径，我们测算了 2007—2017 年①31 个省（区、市）的生产性支出额及其占财政总支出的比重。下面，我们以小口径的生产性支出（经济事务支出）占比为例，来分析各地区生产性支出占比的动态变化和区域差异。

2007—2017 年我国各地区的生产性支出占比变化较大，各地区生产性支出占比（小口径）代表性年份的核密度分布变化情况如图 5.3 所示。观察图 5.3 我们发现，2007—2017 年中国各地区的生产性支出占比（小口径）分布集中点出现了明显的右移，即由 12% 左右提高到 25% 左右；此外，随着时间的推移，生产性支出占比的分布范围逐渐扩大，而分布集中点的概率密度逐步下降。这表明，2007—2017 年各地区的生产性支出占比（小口径）不断提高，但是提升速度有差异。

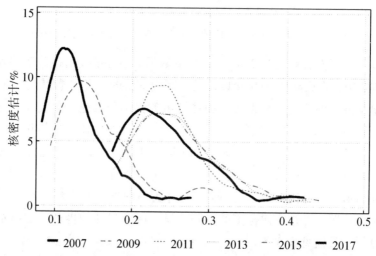

图 5.3　2007—2017 年中国各地区生产性支出占比（小口径）的核密度分布变化情况

就空间分布而言，我国各省份的生产性支出占比也表现出较大的差异性。以 2017 年为例，北京、天津、上海、重庆四个直辖市和广东、江苏两个东部发达省份的生产性支出占比很高，均在 30% 以上，表明这些地区的财政生产性职能较强。内蒙古、宁夏、辽宁、西藏、青海以及安徽、浙江、福建等省份的生产性支出占比相对较高，在 25%~30%；山东、黑龙江、河南、陕西、四川、湖北、湖南、江西、海南、新疆等省份的生产性支出占比次之，在 20%~24%；其他省份的生产性支出占比均比较低，如

① 各省级统计年鉴没有公布 2018 年各省（区、市）的居民消费量，由于缺少关键的因变量值，所以自变量也只测算到 2017 年。

河北、甘肃、云南、贵州、广西等，占比均在 20%以下。

　5.3.2.3　控制变量

　　在控制变量方面，本书分别根据县级层面和省级层面经济社会数据的可得性，并参考已有文献的做法，主要引入了以下 10 类控制变量：

　　（1）经济发展水平用人均地区生产总值表示，以衡量经济发展水平对居民消费的影响。此外，考虑到人均地区生产总值与居民消费率之间可能存在非线性关系，我们还借鉴易行健和杨碧云（2015）的做法，引入人均地区生产总值的二次项。

　　（2）政府规模用财政支出占地区生产总值的比重表示。考虑到政府规模的大小会影响市场经济的运行，引入该变量有助于我们捕捉公共部门规模对居民消费生产的影响。

　　（3）工业化进程用第二产业增加值占地区生产总值的比重表示。引入工业化进程，可以控制产业结构演变对居民消费的影响。

　　（4）城镇化进程用城镇人口占总人口的比重表示。引入该变量，可以控制城乡之间的消费差异对居民总消费的影响。

　　（5）受教育水平在县级层面用每万人在校中小学生数表示，省级层面用每万人口高等学校平均在校生数表示，用来控制教育消费对居民消费的影响。

　　（6）医疗卫生水平用每万人医院、卫生院床位数表示，反映医疗卫生方面的基础设施投资对居民消费的影响。

　　（7）通货膨胀率用居民消费价格指数的变化率表示。通货膨胀会直接影响居民的消费行为，也会影响居民实际收入的大小，引入该变量可以更好地控制价格变动对居民消费行为的影响。

　　（8）对外开放程度用进出口贸易总额占 GDP 的比重表示。引入该变量，有助于我们控制国内居民对国外商品的消费需求和国外居民对国内商品的消费需求。

　　（9）人口年龄结构用被抚养人口（15 周岁以下或 64 周岁以上人口）占工龄人口（15~64 周岁人口）的比重表示，用来控制人口年龄结构对居民消费的影响。

　　（10）就业情况使用失业率指标用城镇登记失业率表示，用来控制劳动就业水平对居民消费的影响。

　　对于县级地区而言，本书主要引入了县级层面的经济发展水平（一次性和平方项）、政府规模、工业化进程、城镇化进程、受教育水平、医疗卫生水平等变量。此外，本书还同时引入了省级层面的通货膨胀程度、对外开放程度、人口年龄结构等变量作为补充。

本书使用的县级经济社会数据来自历年的《中国县（市）社会经济统计年鉴》和《中国区域经济统计年鉴》；县级财政面板数据来自历年的《全国地市县财政统计资料》；省级面板数据来自历年的《中国统计年鉴》和中经网等数据库。由于数据限制，本书的县级面板数据并不包括大部分的市辖区样本，但考虑了县改区和县改市的样本。此外，为了剔除极端值的干扰，本书还对异常值进行了处理，删除了经济增长率、工业化率和城镇化率大于1以及小于0的样本数据，并对部分有明显异常值的变量的最高和最低的1%样本进行了缩尾处理。

各变量的描述性统计如表5.5所示。

表5.5　各变量的描述性统计

	变量含义	观测值	均值	标准差	最小值	最大值
县级地区	县级居民消费率	9 184	0.298 2	0.103 5	0.071 3	0.687 6
	生产性支出占比	10 182	0.316 1	0.064 8	0.139 6	0.484 0
	人均地区生产总值	10 110	0.859 6	0.814 4	0.128 8	13.973 2
	人均地区生产总值平方项	10 110	1.402 1	4.744 6	0.016 6	195.249 3
	政府规模	10 007	0.157 3	0.129 4	0.031 0	1.124 3
	工业化进程	9 808	0.370 9	0.150 0	0.069 6	0.783 4
	城镇化进程	9 408	0.376 8	0.096 6	0.005 2	0.620 8
	受教育水平	10 109	1 551.237 2	334.214 5	580.750 0	2 407.837 9
	医疗卫生水平	10 077	19.838 1	10.572 5	6.733 2	83.694 9
省级地区	省级居民消费率	341	0.351 9	0.057 0	0.228 8	0.541 2
	生产性支出占比（小口径）	341	0.215 3	0.077 0	0.082 4	0.462 9
	生产性支出占比（大口径）	341	0.405 4	0.087 4	0.216 0	0.630 1
	人均地区生产总值/万元	341	4.194 0	2.372 0	0.691 5	12.899 4
	人均地区生产总值平方项	341	23.199 3	28.012 2	0.478 2	166.394 5
	政府规模	341	0.258 4	0.196 6	0.087 4	1.379 2
	工业化进程	341	0.382 8	0.099 7	0.068 1	0.535 8
	城镇化进程	341	0.526 3	0.141 9	0.006 6	0.896 0
	受教育水平	341	240.558 7	94.328 6	90.400 0	682.600 0
	医疗卫生水平	341	35.230 8	12.330 5	15.272 7	68.548 1
	居民消费价格指数（上年=100）	341	102.924 1	1.997 9	97.650 0	110.090 0
	对外开放程度	341	0.295 1	0.355 6	0.016 9	1.721 5
	社会抚养比	341	0.366 7	0.067 4	0.193 0	0.615 5
	城镇登记失业率	339	0.034 4	0.006 5	0.012 0	0.046 0

5.4 县级面板数据实证结果

5.4.1 基本实证结果

Hausman 检验的结果显示，本书的计量模型更适合使用固定效应模型进行分析。财政支出结构对居民消费率影响：固定效应模型的回归结果如表 5.6 所示。

表 5.6 财政支出结构对居民消费率影响：固定效应模型的回归结果

变量	FE 回归			FE 回归（稳健标准误）		
	（1）	（2）	（3）	（4）	（5）	（6）
生产性支出占比	-0.035^{**} (0.017)	-0.059^{***} (0.019)	-0.040^{**} (0.019)	-0.035^{*} (0.020)	-0.059^{***} (0.022)	-0.040^{*} (0.022)
人均地区生产总值	—	-0.086^{***} (0.006)	-0.094^{***} (0.006)	—	-0.086^{***} (0.010)	-0.094^{***} (0.010)
人均地区生产总值平方项	—	0.008^{***} (0.001)	0.008^{***} (0.001)	—	0.008^{***} (0.001)	0.008^{***} (0.001)
政府规模	—	0.193^{***} (0.024)	0.196^{***} (0.023)	—	0.193^{***} (0.035)	0.196^{***} (0.035)
工业化进程	—	-0.043^{***} (0.012)	-0.035^{***} (0.012)	—	-0.043^{**} (0.017)	-0.035^{**} (0.017)
城镇化进程	—	0.116^{***} (0.019)	0.143^{***} (0.019)	—	0.116^{***} (0.023)	0.143^{***} (0.022)
受教育水平	—	-0.000^{***} (0.000)	-0.000 (0.000)	—	-0.000^{**} (0.000)	-0.000 (0.000)
医疗卫生水平	—	0.000 (0.000)	0.000 (0.000)	—	0.000 (0.000)	0.000 (0.000)
通货膨胀率	—	—	-0.005^{***} (0.001)	—	—	-0.005^{***} (0.001)
对外开放程度	—	—	0.068^{***} (0.015)	—	—	0.068^{***} (0.018)
社会抚养比	—	—	-0.424^{***} (0.038)	—	—	-0.424^{***} (0.055)
截距项	0.303^{***} (0.005)	0.346^{***} (0.015)	0.929^{***} (0.115)	0.303^{***} (0.006)	0.346^{***} (0.021)	0.929^{***} (0.143)

表5.6(续)

变量	FE 回归			FE 回归（稳健标准误）		
	（1）	（2）	（3）	（4）	（5）	（6）
县级固定效应	是	是	是	是	是	是
时间固定效应	是	是	是	是	是	是
观测数/个	9 052	7 736	7 736	9 052	7 736	7 736
R^2	0.035	0.110	0.135	0.035	0.110	0.135
县市个数/个	1 921	1 894	1 894	1 921	1 894	1 894

注：括号里的数字为标准误或稳健标准误；*、**、***分别代表在10%、5%、1%的程度上显著。模型（1）至模型（3）在回归时使用的是基本标准误，模型（4）至模型（6）在回归时使用的是聚类到个体层面的稳健标准误。

考虑到引入控制变量会减少样本量（见表5.6），模型（1）和模型（4）未引入任何控制变量，模型（2）和模型（5）只引入了县级控制变量，模型（3）和模型（6）同时引入了县级控制变量和省级控制变量。观察表5.6我们发现，无论是使用标准误还是使用稳健标准误，以及是否引入控制变量，财政生产性支出占比的系数均显著为负。这表明，财政生产性支出占比的提高能够对居民消费率产生显著为负的影响，这与理论分析保持高度一致。

对于其他控制变量而言，人均地区生产总值的一次项系数显著为负，二次项系数显著为正，表明居民消费率与经济发展水平之间存在着"U"形关系。政府规模的系数显著为正，意味着政府支出与居民消费之间存在着一定的互补关系。工业化进程的系数显著为负，其原因在于工业化进程的加快会扩大居民收入分配差距，从而降低居民平均消费倾向（易行健等，2015）。城镇化进程的系数显著为正，这是由于城镇居民的消费水平一般高于农村居民，提高城镇化率会在整体上提高居民消费率。受教育水平的系数为负但显著性较低，医疗卫生水平的系数为正但并不显著。另外，考虑到省级面板数据与县级面板数据之间的差异性，对于省级控制变量的回归结果此处不再分析。总而言之，基本的固定效应回归结果表明，在控制了居民消费率的其他影响因素之后，无论采用哪种度量方式，财政生产性支出比重的提高都会显著降低居民消费率。

5.4.2　稳健性分析

5.4.2.1　异方差性和自相关性的处理

由于各县级地区之间差异较大，样本数据可能存在着较大的异质性，那么就可能产生异方差问题。考虑到样本数据的时间跨度，方差之间有可能还存在着自相关问题。为此，我们借鉴 Driscoll 和 Kraay（1998）的做法，使用 XTSCC 模型进行回归分析，即在固定效应模型的基础上综合考虑面板数据存在的异方差性和自相关性等问题，对系数标准误进行修正。稳健性检验：XTSCC 模型的回归结果如表 5.7 所示。

表 5.7　稳健性检验：XTSCC 模型的回归结果

主炟	XTSCC 模型		
	（1）	（2）	（3）
生产性支出占比	-0.035^{***} （0.010）	-0.059^{***} （0.005）	-0.040^{***} （0.007）
截距项	0.313^{***} （0.003）	0.345^{***} （0.005）	0.929^{***} （0.119）
县级控制变量	否	是	是
省级控制变量	否	否	是
县级固定效应	是	是	是
时间固定效应	是	是	是
观测数/个	9 052	7 736	7 736
R^2	0.035	0.110	0.135
县市个数/个	1 921	1 894	1 894

注：括号里的数字为稳健标准误；*** 代表在 1% 的程度上显著。模型（1）未引入任何控制变量，模型（2）只引入了县级控制变量，模型（3）同时引入了县级控制变量和省级控制变量。由于篇幅限制，控制变量的回归结果不再展示。

根据表 5.7 的结果可知，即使修正了异方差性和自相关性等问题，回归结果与基本结果基本保持一致，即财政生产性支出占比的系数均显著为负。由此可见，财政生产性支出占比对居民消费率的抑制性作用并不受样本偏差的影响。

5.4.2.2　更换被解释变量

现有的文献在研究居民消费时，多使用绝对值指标来衡量居民消费需求大小。为了提高分析结果的稳健性，本书还借鉴文献中的普遍做法，采用人均社会消费品零售额（单位：万元）作为因变量进行回归分析。稳健性检验：因变量为人均消费支出的回归结果如表5.8所示。

表5.8　稳健性检验：因变量为人均消费支出的回归结果

变量	FE 模型			XTSCC 模型		
	（1）	（2）	（3）	（4）	（5）	（6）
生产性支出占比	−0.136 *** （0.028）	−0.113 *** （0.028）	−0.087 *** （0.028）	−0.136 *** （0.015）	−0.113 *** （0.020）	−0.087 *** （0.024）
截距项	0.351 *** （0.009）	0.154 *** （0.022）	1.307 *** （0.173）	0.243 *** （0.005）	0.000 （0.000）	0.000 （0.000）
县级控制变量	否	是	是	否	是	是
省级控制变量	否	否	是	否	否	是
县级固定效应	是	是	是	是	是	是
时间固定效应	是	是	是	是	是	是
观测数/个	8 943	7 649	7 649	8 943	7 649	7 649
R^2	0.289	0.463	0.476	0.289	0.463	0.476
县市个数/个	1 913	1 879	1 879	1 913	1 879	1 879

注：括号里的数字为标准误或稳健标准误；*** 代表在1%的程度上显著。模型（1）和模型（4）未引入任何控制变量，模型（2）和模型（5）只引入了县级控制变量，模型（3）和模型（6）同时引入了县级控制变量和省级控制变量。

由表5.8可知，当把被解释变量更换为人均社会消费品零售额时，财政生产性支出占比的系数仍显著为负。由此可见，即使我们使用绝对量来衡量居民消费需求，财政生产性支出占比的提高仍然会对居民消费需求产生显著为负的影响，进而会降低居民消费率。一般来说，生产性支出占比提升会使产出上涨，这将进一步加剧居民消费率的下降。

5.4.2.3　样本的异质性考察：分样本回归

由于我国各县级地区之间的经济社会差异较大，实证样本表现出较高的异质性。尤其是对不同地理区域以及直辖市和非直辖市地区而言，行政管理体制和经济社会发展背景的差异，使得财政支出结构对居民消费率的影响呈现出异质性。为此，本书将全部样本按照地理区域（划分为东、中、西部）和是否为直辖市两个标准分别进行分样本回归。为剔除异方差性和自相关性等问题的干扰，回归模型采取 XTSCC 模型，其回归结果见表5.9。

表 5.9 稳健性检验：分样本回归结果

变量	东部	中部	西部	直辖市	非直辖市
	（1）	（2）	（3）	（4）	（5）
生产性支出占比	−0.054 ***	−0.053 ***	−0.051 ***	−0.231 ***	−0.039 ***
	（0.014）	（0.012）	（0.008）	（0.050）	（0.007）
截距项	0.000	0.000	0.337 **	0.000	0.000
	（0.000）	（0.000）	（0.139）	（0.000）	（0.000）
县级控制变量	是	是	是	是	是
省级控制变量	是	是	是	是	是
县级固定效应	是	是	是	是	是
时间固定效应	是	是	是	是	是
观测数/个	2 626	2 109	3 001	69	7 667
R^2	0.168	0.296	0.109	0.610	0.135
县市个数/个	615	494	785	25	1 869

注：括号里的数字为稳健标准误；**、*** 分别代表在 5%、1% 的程度上显著。所有模型均同时引入了县级控制变量和省级控制变量。

根据表 5.9 我们可知，无论是东部地区、中部地区还是西部地区，无论是直辖市地区还是非直辖市地区，财政生产性支出占比的系数均显著为负。这表明，财政生产性支出占比的提高能够对居民消费率产生显著为负的影响。

5.5 省级面板数据实证结果

5.5.1 基本实证结果

Hausman 检验的结果显示，本书的计量模型更适合使用固定效应模型进行分析。财政支出结构对居民消费影响：固定效应模型的回归结果如表 5.10 所示。

表 5.10 财政支出结构对居民消费影响：固定效应模型的回归结果

变量	生产性支出占比（小口径）		生产性支出占比（大口径）	
	（1）	（2）	（3）	（4）
生产性支出占比	−0.317 3 ***	−0.188 4 ***	−0.334 5 ***	−0.120 0 **
	（0.063）	（0.056）	（0.060）	（0.053）

表5.10(续)

变量	生产性支出占比（小口径）		生产性支出占比（大口径）	
	（1）	（2）	（3）	（4）
人均地区生产总值	—	−0.002 5 (0.008)	—	−0.007 6 (0.008)
人均地区生产总值平方项	—	−0.000 1 (0.000)	—	0.000 0 (0.000)
政府规模	—	0.040 6 (0.047)	—	0.022 0 (0.047)
工业化进程	—	−0.407 8*** (0.044)	—	−0.401 1*** (0.045)
城镇化进程	—	0.012 9 (0.022)	—	0.012 7 (0.023)
教育水平	—	−0.000 3*** (0.000)	—	−0.000 3*** (0.000)
医疗卫生水平	—	−0.000 7 (0.000)	—	−0.000 5 (0.000)
通货膨胀率	—	−0.001 0 (0.002)	—	−0.001 2 (0.002)
对外开放程度	—	−0.016 8 (0.018)	—	−0.016 9 (0.018)
社会抚养比	—	0.056 2 (0.056)	—	0.053 6 (0.057)
就业情况	—	0.645 9 (0.473)	—	0.656 3 (0.478)
截距项	0.468 0*** (0.016)	0.741 2*** (0.206)	0.537 4*** (0.027)	0.782 0*** (0.209)
县级固定效应	是	是	是	是
时间固定效应	是	是	是	是
观测数/个	341	339	341	339
R^2	0.434	0.685	0.444	0.679
县市个数/个	31	31	31	31

注：括号里的数字为标准误；**、***分别代表在5%、1%的程度上显著。模型（1）和模型（2）使用的是小口径的生产性支出占比，模型（3）和模型（4）使用的是大口径的生产性支出占比。模型（1）和模型（3）未引入控制变量，模型（2）和模型（4）引入了控制变量。

在表 5.10 中，模型（1）和模型（2）我们尝试用小口径的生产性支出占比进行回归分析，而模型（3）和模型（4）我们尝试用大口径的生产性支出占比进行回归分析。观察表 5.10 我们发现，无论采用何种口径，以及是否引入控制变量，生产性支出占比的系数均显著为负。这表明，提高财政的生产性支出占比能够对居民消费率产生显著为负的影响，这与理论分析保持高度一致。

5.5.2 稳健性分析

5.5.2.1 异方差性和自相关性的处理

由于各地区之间差异较大，样本数据可能存在着较大的异质性，那么就可能产生异方差问题。同时，考虑到样本数据的时间跨度，方差之间有可能还存在着自相关问题。为此，我们借鉴 Driscoll 和 Kraay（1998）的做法，使用 XTSCC 模型进行回归分析，即在固定效应模型的基础上综合考虑面板数据存在的异方差性和自相关性等问题，对系数标准误进行修正。稳健性检验：XTSCC 模型的回归结果如表 5.11 所示。

表 5.11　稳健性检验：XTSCC 模型的回归结果

变量	生产性支出占比（小口径）		生产性支出占比（大口径）	
	（1）	（2）	（3）	（4）
财政支出占比	−0.317 3 ** (0.120)	−0.188 4 (0.112)	−0.334 5 ** (0.124)	−0.120 0 (0.107)
截距项	0.468 0 *** (0.032)	0.677 1 ** (0.267)	0.537 4 *** (0.058)	0.713 9 ** (0.251)
控制变量	否	是	否	是
省份固定效应	是	是	是	是
时间固定效应	是	是	是	是
观测数/个	341	339	341	339
R^2	0.434	0.685	0.444	0.679
省份个数/个	31	31	31	31

注：括号里的数字为标准误；**、*** 分别代表在 5%、1%的程度上显著。模型（1）和模型（2）使用的是小口径的生产性支出占比，模型（3）和模型（4）使用的是大口径的生产性支出占比。模型（1）和模型（3）未引入控制变量，模型（2）和模型（4）引入了所有控制变量。出于篇幅限制，控制变量的回归结果不再展示。

根据表 5.11 汇报的结果可知,修正了异方差性和自相关性等问题,回归结果与基本结果大体上保持一致,但显著性确实有所降低。模型(1)和模型(3)在不含控制变量的情况下,无论采用何种财政生产性支出口径,财政生产性支出占比的系数均显著为负。模型(2)虽在10%的置信水平上不显著,但 p 值为 0.122,并不算差距特别大。考虑到小口径计算的财政性支出更能反映政府的"经济事务"支出,体现出政府的生产性职能,因此模型(4)的结果不显著,也不能否定前文的实证结果。总体来说,财政生产性支出占比对居民消费率的抑制性作用基本不受样本数据异方差与自相关性等问题的影响。

5.5.2.2　更换被解释变量

现有的文献在研究居民消费时,多使用绝对值指标来衡量居民消费需求大小。为了提高分析结果的稳健性,本书还借鉴文献中的普遍做法,采用人均消费支出(单位:万元)作为因变量进行回归分析。稳健性检验:因变量为人均消费支出的回归结果如表 5.12 所示。

表 5.12　稳健性检验:因变量为人均消费支出的回归结果

变量	生产性支出占比(小口径)		生产性支出占比(大口径)	
	FE	XTSCC	FE	XTSCC
	(1)	(2)	(3)	(4)
生产性支出占比	-1.370 1 *** (0.299)	-1.370 1 * (0.702)	-0.826 8 *** (0.288)	-0.826 8 (0.541)
截距项	1.431 6 (1.121)	0.976 2 (0.894)	1.705 6 (1.146)	1.266 0 (0.728)
控制变量	是	是	是	是
省份固定效应	是	是	是	是
时间固定效应	是	是	是	是
观测数/个	339	339	339	339
R^2	0.973	0.973	0.972	0.972
省份个数/个	31	31	31	31

注:括号里的数字为标准误; * 、 *** 分别代表在10%、1%的程度上显著。模型(1)和模型(2)使用的是小口径的生产性支出占比,模型(3)和模型(4)使用的是大口径的生产性支出占比。模型(1)和模型(3)使用的是固定效应模型(FE),模型(2)和模型(4)使用的是 XTSCC 模型。出于篇幅限制,控制变量的回归结果不再展示。

由表 5.12 可知，当把被解释变量更换为人均消费支出时，财政生产性支出占比的系数基本上显著为负。由此可见，即使我们使用绝对量来衡量居民消费需求，财政生产性支出占比的提高仍然会对居民消费需求产生显著为负的影响，进而导致居民消费率下降。同时，一般来说，生产性支出会通过增加生产要素投入以及促进资本边际生产率而增加产出。也就是说，财政生产性支出占比提高，会同时减少居民消费率的分子并增大其分母，由此造成居民消费率的下降。

5.5.2.3　样本的异质性考察：分样本回归

由于我国各地区的经济社会差异较大，财政管理体制存在着较大不同。尤其是对民族自治区、直辖市等地区而言，中央政府与这些地区之间的政府间财政关系（特别是转移支付制度）与其他地区存在差异，这些地区由于特殊的行政体制背景，其财政支出结构与其他地区相比也会有所不同。另外，从目前各地区的经济社会发展水平来看，一般来说，直辖市要比非直辖市发达，非民族自治区要比民族自治区发达。为此，本书将全部样本按照是否为直辖市和是否为民族自治区两个标准分别进行分样本回归，考察行政体制背景与经济社会发达程度会不会影响财政支出结构的作用，其回归结果见表 5.13。

表 5.13　稳健性检验：分样本回归结果

变量	生产性支出占比（小口径）		生产性支出占比（大口径）	
	区分是否为民族自治区			
	非民族自治区	民族自治区	非民族自治区	民族自治区
	（1）	（2）	（3）	（4）
生产性支出占比	−0.195 0***	−0.114 7	−0.104 2*	−0.036 5
	（0.060）	（0.129）	（0.057）	（0.131）
截距项	0.835 1***	−0.006 3	0.886 3***	0.008 6
	（0.250）	（0.346）	（0.253）	（0.355）
观测数/个	286	53	286	53
R^2	0.695	0.942	0.685	0.940
省份个数/个	26	5	26	5

表 5. 13(续)

变量	生产性支出占比（小口径）		生产性支出占比（大口径）	
	区分是否为直辖市			
	非直辖市	直辖市	非直辖市	直辖市
	（5）	（6）	（7）	（8）
生产性支出占比	−0.063 7	−0.269 3 ***	0.005 0	−0.165 2 *
	(0.079)	(0.091)	(0.076)	(0.091)
截距项	0.500 2 *	1.205 3 ***	0.480 4 *	1.346 7 ***
	(0.270)	(0.375)	(0.271)	(0.379)
观测数/个	295	44	295	44
R^2	0.729	0.716	0.728	0.701
省份个数/个	27	4	27	4
控制变量	是	是	是	是
省份固定效应	是	是	是	是
时间固定效应	是	是	是	是

注：括号里的数字为标准误；*、*** 分别代表在 10%、1% 的程度上显著。模型（1）、模型（2）、模型（5）和模型（6）使用的是小口径的生产性支出占比，模型（3）、模型（4）、模型（7）和模型（8）使用的是大口径的生产性支出占比。模型（1）和模型（3）使用的是非民族自治区样本，模型（2）和模型（4）使用的是民族自治区样本；模型（5）和模型（7）使用的是非直辖市样本，模型（6）和模型（8）使用的是直辖市样本。出于篇幅限制，控制变量的回归结果不再展示。

根据表 5.13 可知，对于非民族自治区而言，生产性支出占比的提高能够对居民消费率产生显著为负的影响；然而，对于民族自治区而言，这种影响并不显著。另外，对于直辖市地区而言，财政生产性支出占比能够对居民消费率产生显著为负的影响，而对非直辖市地区的影响不显著，在大口径下甚至出现系数为正的情况。其原因可能在于，民族自治区的财政支出对中央政府的转移支付依赖程度较高，这在一定程度上会影响其自身的财政支出结构，从而干扰了生产性支出占比对居民消费率的影响。直辖市地区的生产性支出占比明显高于非直辖市地区（见图 5.4），对居民消费率的抑制作用较其他地区而言更为明显。

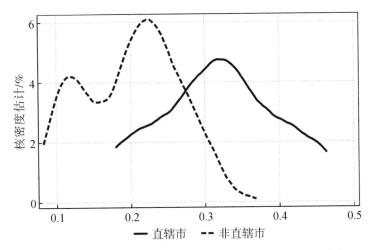

图 5.4　直辖市与非直辖市地区的生产性支出占比核密度分布

更具有启发性的是，回顾理论分析中财政支出结构对居民消费的影响机制，财政生产性支出并非直接作用于居民消费，而是通过影响资本的边际产出进而影响居民在投资与消费之间的权衡。当政府生产性支出提高，并有效增加当地资本的边际产出时，引致更多居民投资并挤出消费。不同区域的财政生产性支出效率可能存在差异，对资本的边际产出的提升能力也不尽相同，因此导致对居民消费的作用出现了区域差异。

5.6　研究结论

本章在内生增长框架下探讨了财政支出结构对居民消费率的影响，并进行了相应的实证分析。理论分析结果表明，当经济系统位于均衡增长路径时，财政生产性支出比重的提高会抑制居民消费率的提升。为了验证理论结论的正确性，我们综合应用县级面板数据和省级面板数据进行了实证分析，基本回归结果和稳健性检验均有效地支持了理论结论。

本章的研究结论具有重要的指导意义。一方面，政府职能的转变往往通过财政支出结构的变化来体现。由此可见，如何合理划分政府支出结构尤为重要。本章从扩大居民消费角度出发，发现当政府强调生产性职能，并降低公共物品和公共服务的职能时，会带来居民消费的下降。当前提升居民消费是扩大内需的关键，优化财政支出结构和降低政府生产性支出比重，是顺应市场经济发展和实现政府职能转型的重要发展方向。

另一方面，满足居民需求，并增强群众的获得感，是我们重要的政策目标之一。党的十九大报告指出，要永远把人民对美好生活的向往作为奋斗目标。通过以居民消费率来衡量居民福利，能够有效捕捉社会总需求中居民部门所占有的份额，从而体现出相应的需求满足程度。因此，综合上述两个方面的分析，研究结论的现实意义在于，通过优化财政支出结构，降低生产性支出比重，提高政府非生产性支出的比重，能够"挤入"居民消费需求，从而扩大内需、提高居民消费福利，进而满足人民对美好生活的追求。

6 财政分权对居民消费需求的影响

6.1 研究思路与研究框架

党的十八届三中全会明确提出，要建立现代财政制度，发挥中央政府和地方政府两个积极性。国家"十三五"规划也指出，要确立合理有序的财力格局，进一步理顺中央和地方收入划分。党的十九大报告更进一步强调，要加快建立现代财政制度，建立权责清晰、财力协调、区域均衡的中央政府与地方政府财政关系。可见，完善政府间财政关系，以充分调动中央政府和地方政府两个积极性，服务于经济社会发展，成为建立现代财政制度的首要任务（高培勇，2018）。为了完成这个任务，实现经济效益和社会效益的双丰收，我们在处理政府间财政关系时就要先明确中央政府和地方政府的财政分权程度对经济社会方方面面会产生什么样的影响。

尽管居民消费问题长期以来受到学界关注，研究中国居民消费问题的文献数量庞大，但是研究财政分权问题与居民消费问题的文献非常少见。同时，虽然财政分权也是研究热点，常与经济增长、环境污染、政府支出效率、政府公共服务等领域联系，但是尝试在财政分权与居民消费之间建立联系的文献却较罕见。这可能是因为，从直觉上看财政分权与居民消费之间并没有直接关系。

本章的研究基于政府生产性支出有益于提升资本边际生产率，不同层级政府的生产性支出倾向与生产弹性有差异的假设，得出两个结论：一是在上一章的分析基础上，似乎从直觉上看财政权利越向生产性支出占比较高的政府层级倾斜，对居民消费率的抑制性越强。但研究结果却并非如此，由于不同层级政府的财政支出之间存在异质性，各级政府之间提供的公共物品无法完全替代，因此财政分权与居民消费率之间并不是一个线性关系，而是一个"U"形关系，使资本边际生产率最大的财政分权程度正是使居民消费率最小的值。二是财政支出结构影响着财政分权对居民消费的影响，使得居民消费最小的财政分权程度取决于不同层级政府的支出倾向。一个政府层级的生产性支出倾向越高，居民消费率最小的财政权利划分越向它倾斜。

　　基于以往研究，本章借鉴 Barro（1990）、Devarajan 等（1996）、Xie 等（1999）的模型设定方法，利用内生增长框架将中央政府和地方政府提供的公共物品作为不同的生产要素引入企业的生产函数中，并在各级政府的预算约束中引入财政分权变量；通过最优化分析探讨财政分权与居民消费率之间的非线性关系，最后利用中国县级面板数据进行实证检验。

　　本章第二部分进行理论分析，在动态一般均衡分析框架下研究财政分权与居民消费率之间的关系；第三部分进行实证分析，以检验研究假说；第四部分进行稳健性检验，为实证结果的稳健性提供支持；第五部分对本章内容进行总结，并提出政策启示。

6.2　理论分析

　　本章借鉴 Barro（1990）、Devarajan 等（1996）、Xie 等（1999）的建模思想，在纳入政府支出的内生增长框架中进行分析。

6.2.1　基本假设和模型设定

6.2.1.1　家庭

本章假定经济体由连续同质且具有无限寿命的家庭组成，每个家庭只有单个个体，且人口增长率为 0。我们假设存在两级政府：中央政府和地方政府。不同层级的政府消费能够对家庭效用产生影响，则家庭的目标效用函数为

$$\max \int_0^{\infty} \frac{(\omega c^{\psi} + \xi g_{cc}^{\psi} + \eta g_{lc}^{\psi})^{\frac{1-\sigma}{\psi}} - 1}{1 - \sigma} e^{-\rho t} \mathrm{d}t \qquad (6.1)$$

其中，c 表示家庭消费；g_{lc}、g_{cc} 分别表示地方政府和中央政府的人均消费性公共支出；分布参数集 $\{\omega, \xi, \eta\} \in (0, 1)$ 衡量了家庭消费、地方政

府和中央政府的人均消费性公共支出之间的相对重要性，且 $\omega + \xi + \eta = 1$；σ 表示相对风险规避系数；ρ 表示主观贴现率；$\varepsilon = \dfrac{1}{1 - \psi}$ 表示同期不同消费之间的替代弹性，且 $\sigma > 0$，$\psi < 1$ 且 $\psi \neq 0$。

家庭的资本积累方程为

$$\dot{k} = y - c - g \tag{6.2}$$

其中，y 表示总收入（当市场出清时总收入等于总产出）；g 表示总的政府支出，包括中央政府和地方政府的支出。

6.2.1.2 企业

本章假设企业的生产函数包括两类投入要素：资本和政府生产性支出，并且生产函数对资本和政府生产性支出表现出规模报酬不变的特征。同时，我们参考 Devarajan 等（1996）、Xie 等（1999）的做法，假设中央政府和地方政府的生产性支出在企业生产函数中的作用存在异质性。为了刻画不同要素投入的差异性作用，我们采用 CES 函数形式设定企业生产函数，具体设定为

$$y = (\alpha k^{\theta} + \beta g_{lp}^{\theta} + \chi g_{cp}^{\theta})^{\frac{1}{\theta}} \tag{6.3}$$

其中，$\alpha + \beta + \chi = 1$，$\theta \leq 1$；$g_{lp}$ 和 g_{cp} 分别表示地方政府和中央政府的生产性公共支出；α、β、χ 分别表示资本、地方政府生产性支出和中央政府生产性支出等要素投入企业生产活动中的相对重要性；θ 用于衡量不同要素之间的替代弹性[①]。由式（6.3）可知，Cobb-Douglas 函数形式是 CES 函数形式的特殊情况（$\theta = 0$），改变函数形式的设定并不影响本章的分析结论。

6.2.1.3 政府

为了分析简便，我们假设政府通过征收收入税来筹资，宏观税负率为 τ。则政府的预算平衡方程为

$$g = \tau y \tag{6.4}$$

关于政府的预算平衡方程，我们做出假定以刻画政府间的财政关系。借鉴吕冰洋等（2016）的做法，我们假设地方政府的财政收入分成比例或税收分成比例为 s（$0 < s < 1$），以反映地方政府的财政分权程度；s 越高，表

[①] 就本模型设定的企业生产函数 $y = (\alpha k^{\theta} + \beta g_{lp}^{\theta} + \chi g_{cp}^{\theta})^{\frac{1}{\theta}}$ 而言，其要素替代弹性为 $\Omega = \dfrac{1}{1 - \theta}$。

明地方政府的财政分权程度越高。此外，考虑到不同层级政府的财政支出偏好存在差异，我们假定中央政府的生产性支出占比为 φ_c，地方政府的生产性支出占比都为 φ_l [φ_c，$\varphi_l \in (0，1)$]，则不同层级政府的预算约束方程分别为

地方政府： $\qquad\qquad\qquad g_l = s\tau y \qquad\qquad\qquad$ (6.5)

中央政府： $\qquad\qquad\qquad g_c = (1 - s)\tau y \qquad\qquad$ (6.6)

由式（6.5）和式（6.6）可得

$$g_{lp} = \varphi_l s\tau y，\ g_{cp} = \varphi_c (1 - s)\tau y \qquad\qquad (6.7)$$

则生产函数和资本积累方程变为

$$\dot{k} = y - c - g = (1 - \tau)y - c \qquad\qquad (6.8)$$

6.2.2 竞争性均衡求解

我们通过构造汉密尔顿函数求解家庭最优化问题，则有

$$H = \frac{(\omega c^{\psi} + \xi g_{cc}^{\psi} + \eta g_{lc}^{\psi})^{\frac{1-\sigma}{\psi}} - 1}{1 - \sigma} + \lambda [(1 - \tau)y - c] \qquad (6.9)$$

其中，λ 表示资本的影子价格。

一阶条件为

$$(\omega c^{\psi} + \xi g_{cc}^{\psi} + \eta g_{lc}^{\psi})^{\frac{1-\sigma}{\psi} - 1} \omega c^{\psi-1} - \lambda = 0 \qquad (6.10)$$

式（6.10）两边取对数并对时间求导可得

$$(1 - \sigma - \psi) \frac{\omega c^{\psi} \dfrac{\dot{c}}{c} + \xi g_{cc}^{\psi} \dfrac{\dot{g}_{cc}}{g_{cc}} + \eta g_{lc}^{\psi} \dfrac{\dot{g}_{lc}}{g_{lc}}}{\omega c^{\psi} + \xi g_{cc}^{\psi} + \eta g_{lc}^{\psi}} + (\psi - 1) \frac{\dot{c}}{c} = \frac{\dot{\lambda}}{\lambda} \quad (6.11)$$

欧拉方程为

$$\dot{\lambda} = \rho\lambda - \frac{\partial H}{\partial k} = \rho\lambda - \alpha\lambda(1 - \tau)(\alpha k^{\theta} + \beta g_{lp}^{\theta} + \chi g_{cp}^{\theta})^{\frac{1}{\theta} - 1} k^{\theta-1} \quad (6.12)$$

横截性条件为 $\lim\limits_{t \to \infty} \lambda k e^{-\rho t} = 0$。

将式（6.7）代入式（6.12），式（6.12）可变为

$$\frac{\dot{\lambda}}{\lambda} = \rho - \alpha(1 - \tau) \left\{ \alpha \left(\frac{k}{y} \right)^{\theta} + \beta (\varphi_l s\tau)^{\theta} + \chi [\varphi_c (1 - s)\tau]^{\theta} \right\}^{\frac{1}{\theta} - 1} \left(\frac{k}{y} \right)^{\theta-1}$$

$$(6.13)$$

由生产函数和政府预算平衡式可得

$$\frac{k}{y} = \left\{ \frac{1}{\alpha} - \frac{\beta}{\alpha} (\varphi_l s\tau)^{\theta} - \frac{\chi}{\alpha} [\varphi_c (1 - s)\tau]^{\theta} \right\}^{\frac{1}{\theta}} \qquad (6.14)$$

将式（14）代入式（13）可得

$$\frac{\dot{\lambda}}{\lambda} = \rho - \alpha(1-\tau)\left\{\frac{1}{\alpha} - \frac{\beta}{\alpha}(\varphi_l s\tau)^\theta - \frac{\chi}{\alpha}\left[\varphi_c(1-s)\tau\right]^\theta\right\}^{\frac{\theta-1}{\theta}} \quad (6.15)$$

政府预算约束方程式意味着 $\frac{\dot{g}_{cc}}{g_{cc}} = \frac{\dot{g}_{lc}}{g_{lc}} = \frac{\dot{y}}{y}$。当经济系统位于均衡增长路径时，经济均衡增长率等于消费增长率，即有 $\frac{\dot{y}}{y} = \frac{\dot{c}}{c}$，则式（6.11）可变为

$$-\sigma\frac{\dot{c}}{c} = \frac{\dot{\lambda}}{\lambda} \quad (6.16)$$

结合式（6.15）和式（6.16）可求得人均消费增长率 γ_c 为

$$\gamma_c = \frac{\dot{c}}{c} = \frac{\alpha(1-\tau)\left\{\frac{1}{\alpha} - \frac{\beta}{\alpha}(\varphi_l s\tau)^\theta - \frac{\chi}{\alpha}\left[\varphi_c(1-s)\tau\right]^\theta\right\}^{\frac{\theta-1}{\theta}} - \rho}{\sigma}$$

$$(6.17)$$

借鉴 Barro（1990）的做法，我们对增长率范围及其他系数做出限定，仅考虑经济增长率大于 0 小于 1 的情况，当 $\frac{\dot{c}}{c} \in (0, 1)$ 时，则

$$\frac{\alpha(1-\tau)}{\rho} > \left\{\frac{1}{\alpha} - \frac{\beta}{\alpha}(\varphi_l s\tau)^\theta - \frac{\chi}{\alpha}\left[\varphi_c(1-s)\tau\right]^\theta\right\}^{\frac{1-\theta}{\theta}} > \frac{\alpha(1-\tau)}{\sigma+\rho}$$

$$(6.18)$$

由资本积累函数可以得到 $\frac{c}{y} = (1-\tau) - \frac{\dot{k}}{k} \cdot \frac{k}{y}$，又当经济系统位于均衡增长路径时，经济均衡增长率等于资本增长率，即有 $\frac{\dot{c}}{c} = \frac{\dot{k}}{k}$，可得

$$\frac{c}{y} = (1-\tau) - \frac{\alpha(1-\tau)\left\{\frac{1}{\alpha} - \frac{\beta}{\alpha}(\varphi_l s\tau)^\theta - \frac{\chi}{\alpha}\left[\varphi_c(1-s)\tau\right]^\theta\right\}^{\frac{\theta-1}{\theta}} - \rho}{\sigma} \cdot$$

$$\left\{\frac{1}{\alpha} - \frac{\beta}{\alpha}(\varphi_l s\tau)^\theta - \frac{\chi}{\alpha}\left[\varphi_c(1-s)\tau\right]^\theta\right\}^{\frac{1}{\theta}} \quad (6.19)$$

6.2.3 比较静态分析和影响机制探讨

当经济系统位于均衡增长路径上时，将居民消费率 $\frac{c}{y}$ 对财政分权系数

s 求导可得

$$\frac{\mathrm{d}(c/y)}{\mathrm{d}s} = \frac{\tau^{\theta}}{\alpha\sigma}\Big[\rho\Big\{\frac{1}{\alpha} - \frac{\beta}{\alpha}(\varphi_l s\tau)^{\theta} - \frac{\chi}{\alpha}[\varphi_c(1-s)\tau]^{\theta}\Big\}^{\frac{1-\theta}{\theta}} - \theta\alpha(1-\tau)\Big]$$
$$[\varphi_c^{\theta}\chi(1-s)^{\theta-1} - \varphi_l^{\theta}\beta s^{\theta-1}] \tag{6.20}$$

依据式 (6.18)，当经济增长率为正时，恒有 (6.21) 成立，即

$$\alpha(1-\tau) > \rho\Big\{\frac{1}{\alpha} - \frac{\beta}{\alpha}(\varphi s\tau)^{\theta} - \frac{\chi}{\alpha}[\varphi(1-s)\tau]^{\theta}\Big\}^{\frac{1-\theta}{\theta}} \tag{6.21}$$

由于 $\alpha(1-\tau)$ 为大于 0 的常数，$\theta\alpha(1-\tau)$ 是 θ 的单调增函数，又 $\theta \leq 1$，$\theta\alpha(1-\tau) \in (-\infty, \alpha(1-\tau)]$，存在 $\theta^* > 0$，使得当 $\theta \in (\theta^*, 1]$ 时，有

$\rho\Big\{\frac{1}{\alpha} - \frac{\beta}{\alpha}(\varphi_l s\tau)^{\theta} - \frac{\chi}{\alpha}[\varphi_c(1-s)\tau]^{\theta}\Big\}^{\frac{1-\theta}{\theta}} - \theta\alpha(1-\tau) < 0$ 成立，此

时，当 $s < \dfrac{1}{\left(\dfrac{\chi}{\beta}\right)^{\frac{1}{1-\theta}}\left(\dfrac{\varphi_l}{\varphi_c}\right)^{-\frac{\theta}{1-\theta}} + 1}$ 时，有 $\dfrac{\mathrm{d}(c/y)}{\mathrm{d}s} > 0$；当 $s >$

$\dfrac{1}{\left(\dfrac{\chi}{\beta}\right)^{\frac{1}{1-\theta}}\left(\dfrac{\varphi_l}{\varphi_c}\right)^{-\frac{\theta}{1-\theta}} + 1}$ 时，有 $\dfrac{\mathrm{d}(c/y)}{\mathrm{d}s} < 0$；当 $s = \dfrac{1}{\left(\dfrac{\chi}{\beta}\right)^{\frac{1}{1-\theta}}\left(\dfrac{\varphi_l}{\varphi_c}\right)^{-\frac{\theta}{1-\theta}} + 1}$，$\dfrac{c}{y}$

达到最大，$\dfrac{c}{y}$ 与 s 之间是倒 "U" 形关系。当 $\theta \in (\theta^*, 1]$ 时，财政分权与居民消费率之间的非线性关系如图 6.1 所示。

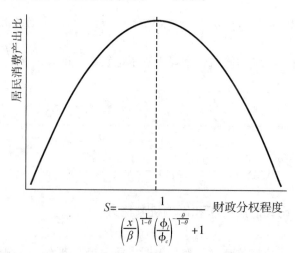

图 6.1　当 $\theta \in (\theta^*, 1]$ 时，财政分权与居民消费率之间的非线性关系

当 $\theta \in (-\infty, \theta^*)$ 时，有 $\rho\left\{\dfrac{1}{\alpha} - \dfrac{\beta}{\alpha}(\varphi s\tau)^{\theta} - \dfrac{\chi}{\alpha}\left[\varphi(1-s)\tau\right]^{\theta}\right\}^{\frac{1-\theta}{\theta}} -$

$\theta\alpha(1-\tau) > 0$ 成立。$s > \dfrac{1}{\left(\dfrac{\chi}{\beta}\right)^{\frac{1}{1-\theta}}\left(\dfrac{\varphi_l}{\varphi_c}\right)^{-\frac{\theta}{1-\theta}} + 1}$ 时，有 $\dfrac{\mathrm{d}(c/y)}{\mathrm{d}s} > 0$；当 $s <$

$\dfrac{1}{\left(\dfrac{\chi}{\beta}\right)^{\frac{1}{1-\theta}}\left(\dfrac{\varphi_l}{\varphi_c}\right)^{-\frac{\theta}{1-\theta}} + 1}$ 时，有 $\dfrac{\mathrm{d}(c/y)}{\mathrm{d}s} < 0$；当 $s = \dfrac{1}{\left(\dfrac{\chi}{\beta}\right)^{\frac{1}{1-\theta}}\left(\dfrac{\varphi_l}{\varphi_c}\right)^{-\frac{\theta}{1-\theta}} + 1}$，$\dfrac{c}{y}$

达到最小，$\dfrac{c}{y}$ 与 s 之间是正"U"形关系。

当 $\theta \in (-\infty, \theta^*)$ 时，财政分权与居民消费率之间的非线性关系如图 6.2 所示。

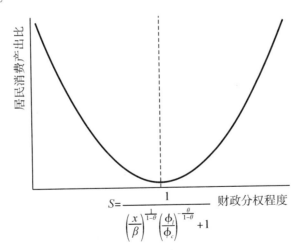

图 6.2　当 $\theta \in (-\infty, \theta^*)$ 时，财政分权与居民消费率之间的非线性关系

需要注意的是，尽管随着 θ 的变化，s 对 $\dfrac{c}{y}$ 的作用在发生变化，但是由于 $\theta = 0$ 时，即生产函数为柯布道格拉斯函数时，依据式（6.20），可以明确 $\dfrac{c}{y}$ 与 s 之间是正"U"形关系，可知 θ^* 必然大于 0。因此，$\theta \in (\theta^*,$ 1] 的范围远小于 $\theta \in (-\infty, \theta^*)$。就本模型设定的企业生产函数 $y = (\alpha k^{\theta} + \beta g_{lp}^{\theta} + \chi g_{cp}^{\theta})^{\frac{1}{\theta}}$ 而言，其要素替代弹性为 $\Omega = \dfrac{1}{1-\theta}$。也就是说，只有

在 θ 接近 1 时，要素替代弹性无穷大时，才会出现倒"U"形。目前，学术研究测算的要素替代弹性 $\Omega = \dfrac{1}{1-\theta}$ 集中于 (0, 1)（郝枫 等，2014；战岐林 等，2015；油永华，2017），此时 $\theta < 0$。因此，在现实生活中，当经济增长率为正时，$\dfrac{c}{y}$ 与 s 之间一般来说是正"U"形关系，后文不再讨论倒"U"形情况。

为什么财政分权会对居民消费率产生非线性影响？这背后的影响机制在于：由资本积累方程 $k = y - c - g = (1-\tau)y - c$ 可知，家庭在每一期将 $(1-\tau)y$ 的产出在消费与投资之间进行分配，由于假设折旧为 0，因此投资就是下一期全部资本。当消费者增加 Δk_{t+1} 单位投资，则在下一期增加单位资本 Δk_{t+1}，家庭效用增加 $\Delta k_{t+1} f'(k_{t+1}) u'(c_{t+1}) e^{-\rho}$，减少 $u'(c_t)$，又 $\Delta c_t = \Delta k_{t+1}$，所以效用最大化时有

$$u'(c_t) = f'(k_{t+1}) u'(c_{t+1}) e^{-\rho} \tag{6.22}$$

对生产函数求导可得

$$f'(k) = \left\{ \frac{1}{\alpha} - \frac{\beta}{\alpha} (\varphi_l s \tau)^{\theta} - \frac{\chi}{\alpha} \left[\varphi_c (1-s) \tau \right]^{\theta} \right\}^{-\frac{1}{\theta}} \tag{6.23}$$

继续对 $f'(k)$ 中的 s 求导可得

$$\frac{df'(k)}{ds} = \frac{-\tau^{\theta} [\chi \varphi_c^{\theta} (1-s)^{\theta-1} - \beta \varphi_l^{\theta} s^{\theta-1}]}{\alpha \left\{ \frac{1}{\alpha} - \frac{\beta}{\alpha} (\varphi_l s \tau)^{\theta} - \frac{\chi}{\alpha} \left[\varphi_c (1-s) \tau \right]^{\theta} \right\}^{\frac{1}{\theta}+1}} \tag{6.24}$$

通过式（6.24）可知，$f'(k)$ 与 s 成倒"U"形关系，且 $s = \dfrac{1}{\left(\dfrac{\chi}{\beta}\right)^{\frac{1}{1-\theta}} \left(\dfrac{\varphi_l}{\varphi_c}\right)^{-\frac{\theta}{1-\theta}} + 1}$ 时，$f'(k)$ 达到最大值。根据式（6.22），当 $f'(k_{t+1})$ 上升时，此时 $u'(c_t)$ 相应变大，由于边际效用函数是递减的，所以 c_t 下降。

由此我们可知，政府的生产性支出带来边际生产率上升引致了私人投资的上升，同时挤出了私人消费。当 s 偏离 $\dfrac{1}{\left(\dfrac{\chi}{\beta}\right)^{\frac{1}{1-\theta}} \left(\dfrac{\varphi_l}{\varphi_c}\right)^{-\frac{\theta}{1-\theta}} + 1}$ 时，无论 s 变大或变小，资本的边际生产率下降，家庭选择少投资，$(1-\tau)y$ 中用于

消费的部分上升，因此 $\frac{c}{y}$ 出现上升，形成正 "U" 形。

进一步讨论，由模型可以推导出经济增速与财政分权程度关系为

$$\gamma_c = \frac{\dot{c}}{c} = \frac{\alpha(1-\tau)\left\{\frac{1}{\alpha} - \frac{\beta}{\alpha}(\varphi_l s\tau)^\theta - \frac{\chi}{\alpha}\left[\varphi_c(1-s)\tau\right]^\theta\right\}^{\frac{\theta-1}{\theta}} - \rho}{\sigma}$$

(6.25)

对 s 求导可知，经济增速与财政分权也存在非线性关系，但却是倒 "U" 形，且使经济增速最大的财政分权程度与使居民消费率最小的分权程度是相同的。

由此可知，追求经济高速发展，增加政府生产性支出，可能是形成投资驱动型社会的原因之一。经济增速最快不代表经济发展达到理想状态，这一方面是因为 $\frac{c}{y}$ 代表着居民可以从经济发展中分享到的好处占经济总体发展水平的比重，相较于 c，$\frac{c}{y}$ 更能反映消费的水平是否合理，消费的高低应该是与所处的经济发展水平相适应的。如果政府财政分权制度不断向有利于生产的方向发展，会造成居民消费率下降，即人民生活质量的改善落后于经济发展的水平。

另外，需求内部也存在一个合理的投资与消费的结构。当居民消费率过低时，会出现需求失衡，需求失衡问题可能延伸出经济供需失衡问题。如果长期发展下去，高经济增长率也无法维持。

通过上述分析，我们归纳出研究假说——命题 1。

命题 1：财政分权与居民消费率之间存在正 "U" 形关系。

上述命题的逻辑基础在于：考虑到中央政府和地方政府所提供的公共物品在企业生产中发挥着异质性作用，当地方政府财政分权程度较低时，其所能提供的公共物品就相对有限。此时，财政分权程度增加通过地方公共物品正外部性（以边际产出衡量）带来的资本边际产出增加，就大于通过中央公共物品正外部性带来的资本边际产出增加。那么，提高地方政府财政分权程度将会在整体上增加资本边际产出，同时增加投资降低居民消费率。然而，当地方政府财政分权程度高于一定水平时，其所能提供的公共物品就相对过多。此时，财政分权程度增加通过地方公共物品正外部性所带来的资本边际产出增加，就小于通过中央公共物品正外部性带来的资

本边际产出增加。那么，继续提高地方政府的财政分权程度并降低资本边际产出，将导致居民消费率上升。在后文中，我们将以县级面板数据为基础，设计实证模型来验证命题 1，即检验财政分权与居民消费率之间的正"U"形关系。

6.3 数据基础和实证策略

6.3.1 计量模型和实证策略

本章主要使用 1997—2017 年的县级面板数据进行实证分析。

在计量模型中，本章以财政分权为核心解释变量，居民消费率为被解释变量，具体设定为

$$cyratio_{it} = c + \beta_1 \cdot fd_{it} + \beta_2 \cdot fd_{it}^2 + \beta_3 \cdot X_{it} + \mu_i + \tau_t + \varepsilon_{it} \quad (6.26)$$

其中，i 表示县级；t 表示年份；c 为常数项；μ_i 表示不随时间变化的个体特定效应；τ_t 表示仅随时间变化的时间效应；ε_{it} 表示与解释变量无关的随机扰动项；$cyratio_{it}$ 表示居民消费率；fd_{it} 表示衡量财政分权程度的指标，引入二次项则是用于检验居民消费率与财政分权之间的非线性关系；X_{it} 表示县级控制变量；Y_{jt} 表示省级控制变量，β_1、β_2、β_3 分别表示相应的回归系数。

由于本章的样本数据为面板数据，因此所采用的基本实证模型为固定效应模型（FE）或随机效应模型（RE）。考虑到不同县级地区之间差异较大，使用固定效应模型有助于我们有效控制不可观测因素的影响，且 Hausman 检验显示固定效应模型更合适，因此实证过程采用固定效应模型。此外，本章还在基础回归的基础上，充分考虑面板数据所可能存在的自相关性、异方差性、样本区域异质性等问题，通过稳健性检验来修正回归结果。

6.3.2 变量选取和数据整理①

6.3.2.1 财政分权程度的测算

合理测度地方政府的财政分权程度是实证分析的关键。然而，由于学

---

① 由于本章使用的县级居民消费率测算方式与第 5 章第 5.3.2 节完全一致，因此这里不再对居民消费率测算进行赘述。

者们关于财政分权概念的理解和选择偏好存在差异，测度方法难以统一。本章综合分析各类指标优缺点，结合本书的理论模型设定，选择人均财政收入分成来表示地方政府的财政分权程度。

财政分权包含的内容十分广泛，再加上现有数据的局限性，因此衍生出了一系列关于财政分权的测度方法。大量的实证研究表明，测度方法的差异会对实证结果产生较大影响。毛捷等（2018）对现有的财政分权测度方法做了翔实的总结，指出现有的分权测度方式主要有五种：财政收入分权、财政支出分权、财政自给程度、边际增量分成和税收分成。这些指标主要存在四个特点：一是财政收入与支出指标有总量与人均两种。其优点是数据全面完整；缺点是该指标中的总量指标存在分母同一性，失去了使用比例关系的意义，与使用收入支出总量无差别。人均指标反映各地相对财力，而非单纯的财政分权，同时总量指标与人均指标都无法表示政府收支预算内外的结构。二是边际增量只适用于财政包干制，不适用于分税制。三是财政自给程度掺杂转移支付等问题，不适用于反映中国财政分权问题。四是弹性税收分成是中国财政分权的核心，增值税与企业所得税的分成可以有效反映这种分成关系。

依据毛捷等（2018）的总结以及本章实际情况，我们排除明显不适宜的指标。由于分母同一性以及只适用于财政包干制等缺陷较为严重，因此要先排除收入与支出的总量指标以及边际增量指标。财政自主度是指地方政府自有收入除以地方政府的总支出，与本书模型设定财政分权是指不同层级政府之间财力的分配情况不符合，因此也排除。此外，关于财政支出变量，周黎安等（2015）指出，在政府间公共事务层层分包的背景下，可能出现"上级请客，下级买单"的情况，这意味着地方政府的很多财政支出并不代表财权的大小，因此财政支出反映政府财权分配存在困境，该类指标也被排除。

排除了不适宜的指标后，剩下需要对比的是县级税收收入分成指标和县级人均财政收入侵权指标。

（1）县级税收收入分成指标。毛捷等（2018）以县级地区为基础单位，提出了关于县级增值税和企业所得税收入分成比例的更为精确的测算方法。简而言之，就是在给定财政年度内，以县级地区自有的增值税（或企业所得税）收入占该地区实际缴纳的增值税总额（或企业所得税总额）的比重，来表示该县级政府能够从本地产生的增值税（或企业所得税）收入中获得的分成份额。其主要的计算公式如下：

$$县级增值税分成比例 = \frac{县级自有的增值税收入}{县级地区实际缴纳的增值税总额} \quad (6.27)$$

$$县级企业所得税分成比例 = \frac{县级自有的企业所得税收入}{县级地区实际缴纳的企业所得税总额}$$

$$(6.28)$$

（2）县级的财政收入分权指标。人均财政收入类指标参考张晏和龚六堂（2005）、贾俊雪等（2013）的做法，以不同政府层级的人均财政收入为基础，来测算各个县级地区的财政分权程度，即

$$县级财政收入分权 = \frac{县级人均财政收入}{中央人均财政收入 + 省级人均财政收入 + 县级人均财政收入}$$

$$(6.29)$$

以上两个指标都克服了分母同一性，也都在一定程度上反映了县级政府与省级政府的财权分配。两个指标的区别在于：县级财政收入分权反映地方整体相对财力，无法反映地方政府财政收支结构；税收分成由于缺乏数据，不能计算整体税收分成，只能得到增值税与企业所得税等个别税种的分成水平。

因此，这两个指标都可以反映财政分权的一个侧面，在不同的研究背景下，我们应选用与理论分析相一致的指标。

具体来说：现有文献关于财政分权的影响机制常常是建立在第二代财政联邦主义的基础上，讨论横向的财政竞争与纵向的官员考核机制对地方官员行为的激励，由此使得地方政府变为"扶持的手"，营造更好的市场环境，扶持当地经济高速发展。此时，人均财政收入由于包含了转移支付等其他因素，更高的财政收入占比不意味着地方政府能从扶持市场中获得更多收益。增值税、企业所得税的税收分成是反映这种财政激励的优秀指标。而本章建立在第一代财政联邦主义的基础上，以不同层级的政府提供的公共物品以及政府本身的特征具有异质性为核心假设（Oates，1972），财政收入在不同政府之间的分配会使得政府整体在经济社会中发挥不一样的作用。这时使用税收分成，特别是单一税种分成不能反映各层级政府间的财权分配。财政收入分成指标就显得更为合意。

从本章理论模型来看，本章影响机制并不涉及地方政府行为，而是在不同层级政府之间存在异质性的前提下，研究财权分配使得政府整体作用

变化对居民消费率的影响。因此，本章采用 1997—2017 年的人均财政收入分成数据构成的财政分权程度的指标展开研究。

6.3.2.2　控制变量

根据文献中的普遍做法，本章在回归分析中还引入了县级层面的控制变量和省级层面的控制变量。

在控制变量方面，本章分别根据县级层面和省级层面的经济社会数据的可得性，并参考已有文献的做法，主要引入了县级指标和省级指标两个方面的控制变量。

县级指标包括以下六类：

（1）经济发展水平，用人均地区生产总值表示，用以衡量经济发展水平对居民消费的影响。此外考虑到，人均地区生产总值与居民消费率之间可能存在非线性关系，我们还借鉴易行健和杨碧云（2015）的做法，引入人均地区生产总值的二次项。

（2）政府规模，用财政支出占地区生产总值的比重表示。考虑到政府规模的大小会影响市场经济的运行，引入该变量有助于我们捕捉公共部门规模对居民消费生产的影响。

（3）工业化进程，用第二产业增加值占地区生产总值的比重表示。引入该变量，可以控制产业结构演变对居民消费的影响。

（4）城镇化进程，用城镇人口占总人口的比重表示。引入该变量，可以控制城乡之间的消费差异对居民总消费的影响。

（5）受教育水平，其中县级层面用每万人在校中小学生数表示，省级层面用每万人高等学校平均在校生数表示，用来控制教育消费对居民消费的影响。

（6）医疗卫生水平，用每万人医院、卫生院床位数表示，反映医疗卫生方面的基础设施投资对居民消费的影响。

省级指标包括以下四类：

（1）通货膨胀率，用居民消费价格指数的变化率表示。通货膨胀会直接影响居民的消费行为，并且也会影响居民实际收入的大小。引入该变量，可以使我们更好地控制价格变动对居民消费行为的影响。

（2）对外开放程度，用进出口贸易总额占 GDP 的比重表示。引入该变量，有助于我们控制国内居民对国外商品的消费需求和国外居民对国内商品的消费需求。

（3）人口年龄结构，用被抚养人口（15 周岁以下或 64 周岁以上人口）占工龄人口（15~64 周岁人口）的比重表示，用来控制人口年龄结构对居民消费的影响。

（4）就业情况，用城镇登记失业率来表示，用来控制劳动就业水平对居民消费的影响。

本章使用的县级经济社会数据来自历年的《中国县（市）社会经济统计年鉴》和《中国区域经济统计年鉴》；县级财政面板数据来自历年的《全国地市县财政统计资料》；相关省级面板数据来自历年的《中国统计年鉴》和中经网等数据库。由于数据限制，本章的县级面板数据并不包括大部分的市辖区样本，但考虑了县改区和县改市的样本。此外，由于县级面板数据较为庞大，为了剔除极端值的干扰，本章还对异常值进行了处理，即删除了经济增长率、工业化率和城镇化率大于 1 和小于 0 的样本数据，并对分布明显异常的变量最高和最低的 1% 样本进行了缩尾处理。

各变量的描述性统计如表 6.1 所示。

表 6.1　各变量的描述性统计

变量分类	变量	样本量/个	均值	标准差	最小值	最大值
县级变量	财政分权程度	42 114	0.155	0.101	0.017	0.635
	人均地区生产总值	41 481	17 975.88	23 040.19	834.545	481 000
	政府规模	39 234	0.198	0.188	0.02	1.999
	工业化进程	41 189	0.394	0.154	0.016	0.834
	城镇化进程	36 587	0.421	0.128	0.004	0.919
	受教育水平	36 373	1 372.701	375.786	434.63	2 523.087
	医疗卫生水平	42 120	25.669	13.986	5.029	115.974
省级变量	通货膨胀程度	39 419	102.058	2.275	96.4	110.09
	对外开放程度	43 579	0.203	0.268	0.017	1.721
	人口年龄结构	39 419	0.405	0.071	0.193	0.645

6.4 实证结果

6.4.1 基本实证结果

Hausman 检验的结果表明，本章更适合用固定效应模型进行分析，其回归结果如表 6.2 所示。

表 6.2 稳健性检验：财政分权对居民消费影响：固定效应模型回归结果

变量	（1）	（2）	（3）
财政分权程度	−0.545*** （0.043）	−0.436*** （0.023）	−0.434*** （0.075）
财政分权程度平方项	0.454*** （0.080）	0.641*** （0.045）	0.654*** （0.118）
人均地区生产总值	—	−0.000*** （0.000）	−0.000*** （0.000）
政府规模	—	0.004 （0.004）	0.011 （0.014）
工业化进程	—	−0.230*** （0.005）	−0.231*** （0.027）
城镇化进程	—	0.071*** （0.008）	0.079 （0.051）
受教育水平	—	0.000*** （0.000）	0.000 （0.000）
医疗水平	—	0.000*** （0.000）	0.000* （0.000）
通货膨胀程度	—	—	−0.005*** （0.002）
开放程度	—	—	−0.013 （0.028）
人口年龄结构	—	—	0.194 （0.137）
截距项	0.431*** （0.005）	0.473*** （0.006）	0.849*** （0.175）
样本量/个	28 448	23 476	23 476

表6.2(续)

变量	(1)	(2)	(3)
县级地区个数/个	2 055	2 029	2 029
县级控制变量	否	是	是
省级控制变量	否	否	是
地区固定效应	是	是	是
年份固定效应	是	是	是

注：括号里的数字为稳健 t 统计量；$*$、$***$ 分别代表在 10%、1% 的程度上显著。

表 6.2 表明，在所有的回归模型中，财政分权变量的二次项系数无论是否加入控制变量，均显著为正。这意味着，对于县级地区而言，随着财政分权程度的变化，财政分权与居民消费率之间呈现出"U"形关系。

6.4.2 稳健性检验

我们还进行了一系列稳健性分析，为检验财政分权与居民消费率之间的非线性关系提供更加可靠的经验证据。稳健性检验主要包括两个方面：一是针对模型可能存在的异方差性和自相关性等问题，使用 XTSCC 模型来对固定效应回归结果进行修正；二是针对样本存在的异质性问题，通过利用子样本回归来加以处理。

6.4.2.1 解决异方差性和自相关性

XTSCC 模型是在固定效应模型的基础上综合考虑面板数据存在的异方差性和自相关性等问题，对系数标准误进行修正（Driscoll et al.，1998）。稳健性检验：XTSCC 模型的回归结果如表 6.3 所示。

表 6.3 稳健性检验：XTSCC 模型的回归结果

变量	(1)	(2)	(3)
财政分权程度	-0.545 *** (0.033)	-0.436 *** (0.027)	-0.434 *** (0.027)
财政分权程度平方项	0.454 *** (0.046)	0.641 *** (0.051)	0.654 *** (0.046)
人均地区生产总值	—	-0.000 *** (0.000)	-0.000 *** (0.000)
政府规模	—	0.004 (0.006)	0.011 * (0.006)

表6.3(续)

变量	(1)	(2)	(3)
工业化进程	—	−0.230*** (0.029)	−0.231*** (0.030)
城镇化进程	—	0.071** (0.024)	0.079*** (0.022)
受教育水平	—	0.000 (0.000)	0.000 (0.000)
医疗卫生水平	—	0.000** (0.000)	0.000** (0.000)
通货膨胀程度	—		−0.005* (0.003)
对外开放程度	—	—	−0.013 (0.013)
人口年龄结构	—	—	0.194* (0.096)
截距项	0.377*** (0.004)	0.000 (0.000)	0.000 (0.000)
样本量/个	28 448	23 476	23 476
县级地区个数/个	2 055	2 029	2 029
县级控制变量	否	是	是
省级控制变量	否	否	是
地区固定效应	是	是	是
年份固定效应	是	是	是

注：括号里的数字为稳健 t 统计量；*、**、*** 分别代表在10%、5%、1%的程度上显著。

由表6.3可知，在修正了异方差性和自相关性等问题之后，回归结果与基本结果保持一致，即财政分权变量的二次项系数都显著为正。这表明，财政分权变量与经济增长之间的"U"形关系在考虑异方差和自相关性等问题后，依然稳健。

6.4.2.2 省级面板数据回归

由第3章内容可知，衡量居民消费率最合适的变量，就是在支出法生产总值核算框架里，计算居民消费占生产总值的比重来表示。省级层面能够获取支出法生产总值的明细数据，而县级地区无法获取利用支出法核算的生产总值数据。由于县级面板数据样本量远大于省级面板数据样本量，且从全国数据来看，社会消费品零售总额与居民消费额在数值上较为接近，两者之间的差额相对较小。因此，我们使用县级面板数据作为实证分析的主要数据，并使用省级面板数据作为稳健性检验的一部分，以保证使用居民消费占生产总值比重的省级面板数据也与理论结果一致，居民消费率的衡量方式不影响实证结论。

相较于县级分权指标，省级分权指标数量更多。谢贞发和张玮（2015）对于文献中所使用的财政分权指标进行了梳理和归纳，根据他们的分析，现有文献主要有三种度量中国财政分权的方法：一是财政收入分权指标，用下级政府的财政收入份额来刻画财政分权程度；二是财政支出分权指标，用下级政府的财政支出份额来刻画财政分权程度；三是采用地方政府自有收入的留成比率指标来衡量财政分权程度。为了与前文分析保持一致，此处使用人均财政收入来构建财政分全指标，具体的计算方式如下：

$$省级财政支出分权 = \frac{人均各省本级财政支出}{人均各省本级财政支出 + 人均中央本级财政支出}$$

(6.30)

稳健性检验：省级面板数据回归如表6.4所示。

表6.4　稳健性检验：省级面板数据回归

变量	(1)	(2)
财政分权程度	−0.816 0 *** (0.143)	−0.736 4 *** (0.203)
财政分权程度平方项	0.462 7 *** (0.149)	0.581 3 *** (0.210)
人均地区生产总值	—	−0.011 5 *** (0.004)
政府规模	—	0.104 9 ** (0.053)
工业化进程	—	−0.300 8 *** (0.051)
城镇化进程	—	0.018 1 (0.022)

表6.4(续)

变量	(1)	(2)
医疗卫生水平	—	-0.000 1 (0.000)
教育水平	—	-0.000 3*** (0.000)
通货膨胀程度	—	-0.000 6 (0.002)
对外开放程度	—	-0.005 6 (0.017)
人口年龄结构	—	0.065 7 (0.056)
就业情况	—	0.232 7 (0.473)
截距项	0.726 5*** (0.034)	0.839 3*** (0.209)
样本量/个	713	339
省级区域个数/个	31	31
地区固定效应	是	是
年份固定效应	是	是

注：括号里的数字为稳健 t 统计量；**、*** 分别代表在 5%、1%的程度上显著。

由以上分析可知，在省级层面上，使用支出法生产总值核算框架，以居民消费占生产总值的比重来表示居民消费率并不会影响实证结果中财政分权与居民消费率之间的"U"形关系成立。这种"U"形关系在县级面板数据和省级面板数据中，都得到了很好的支持。

6.4.2.3　按区域分样本回归

中国是一个幅员辽阔的国家，内部经济发展禀赋，经济发展程度、人民生活水平、地方政府治理能力差别较大。因此，不仅不同层级的政府存在异质性，相同层级处于不同区域的地方政府之间也存在异质性。本章对东部、中部、西部各个区域进行分样本回归，验证理论分析结论是否在各个区域都成立。

稳健性检验：分样本的回归结果如表6.5所示。

表 6.5　稳健性检验：分样本的回归结果

变量	东部地区		
	（1）	（2）	（3）
财政分权程度	-0.838 *** (0.081)	-0.831 *** (0.090)	-0.857 *** (-9.68)
财政分权程度平方项	0.855 *** (0.144)	1.210 *** (0.164)	1.225 *** (7.27)
截距项	0.505 *** (0.010)	0.411 *** (0.036)	2.123 *** (12.68)
样本量/个	9 254	7 787	7 787
县级地区个数/个	660	651	651
县级控制变量	否	是	是
省级控制变量	否	否	是
区域固定效应	是	是	是
年份固定效应	是	是	是
变量	中部地区		
	（1）	（2）	（3）
财政分权程度	-0.748 *** (0.090)	-0.656 *** (0.087)	-0.683 *** (-7.93)
财政分权程度平方项	0.601 *** (0.167)	0.838 *** (0.149)	0.843 *** (5.69)
截距项	0.500 *** (0.010)	0.529 *** (0.024)	1.408 *** (6.75)
样本量/个	7 118	6 201	6 201
县级地区个数/个	503	502	502
县级控制变量	否	是	是
省级控制变量	否	否	是
区域固定效应	是	是	是
年份固定效应	是	是	是
变量	西部地区		
	（1）	（2）	（3）
财政分权程度	-0.309 *** (0.055)	-0.286 *** (0.054)	-0.272 *** (-5.11)
财政分权程度平方项	0.171 * (0.096)	0.455 *** (0.107)	0.450 *** (4.25)

表6.5(续)

变量	西部地区		
	（1）	（2）	（3）
截距项	0.354*** (0.006)	0.329*** (0.016)	0.464*** (6.42)
样本量/个	12 076	9 488	9 488
县级地区个数/个	892	876	876
县级控制变量	否	是	是
省级控制变量	否	否	是
区域固定效应	是	是	是
年份固定效应	是	是	是

注：括号里的数字为稳健 t 统计量；*、*** 分别代表在 10%、1% 的程度上显著。

观察表 6.5 我们发现，无论是在东部地区、中部地区还是西部地区，财政分权程度的平方项都显著为正。这说明，财政分权与居民消费率之间的"U"形关系在各地区之间稳健的存在，不受区域异质性影响。

6.4.2.4　进一步讨论

根据前文的理论分析我们得知，使居民消费率最低的分权程度正是使经济增长率最高的分权程度。这个结论提示我们，财政分权的调整可能面临多政策目标的矛盾。下面，我们对经济增速与财政分权程度之间的关系进行简单验证，其结果如表 6.6 所示。

表6.6　稳健性检验：进一步讨论

变量	（1）	（2）
财政分权程度	0.689*** (9.95)	0.689*** (15.50)
财政分权程度平方项	-0.579*** (-5.08)	-0.579*** (-6.54)
截距项	-0.009 (-0.09)	-0.009 (-0.05)
控制变量	是	是
样本量/个	21 327	21 327
县级地区个数/个	2 034	2 034

表6.6(续)

变量	(1)	(2)
地区固定效应	是	是
年份固定效应	是	是
XTSCC 模型调整方差	否	是

注：括号里的数字为稳健 t 统计量；*** 代表在1%的程度上显著。

通过以上实证分析我们发现，财政分权程度与经济增速之间确实存在显著的倒"U"形关系；财政分权程度的调整会带来经济增速的增加与居民消费率的减少，或经济增速的减少与居民消费率的增加，两者之间不可同时优化。

6.5　研究结论

本章在一般均衡分析框架下，利用内生增长理论研究了财政分权对居民消费率的非线性影响。结果表明，地方政府的财政分权程度与居民消费率之间存在"U"形关系。这表明，在长期均衡路径上，存在这样一种机制。由于不同层级政府之间提供公共物品存在异质性，模型中表现为各层级政府的生产性支出比例和相应的产出弹性不同，在地方政府财政分权程度的变化过程中，中央公共物品和地方公共物品带来的正外部性之间相对大小会发生变化，存在一个分权比例使得资本边际生产率达到最大，此时引致大量投资，挤出居民消费。本章利用我国的县级面板数据进行实证分析和稳健性检验，实证结果较好地支持了理论判断。

由此可知，使资本边际生产率最大的财政分权程度会带来最高的经济增长率，同时导致最低的居民消费率。以政府财政生产性支出推动经济增长并非没有代价，它可能催生内需失衡。

现实中，财政政策往往面临着多目标的情况，处理经济增长与居民消费率之间的关系需要更多智慧。经济增速最快，不代表这个结果就是最合意的选择。居民消费率代表着居民可以从经济发展中分享到的好处占经济总体发展水平的比重，相较于消费本身，更能反映消费的水平是否与所处的经济发展水平相适应。如果政府财政分权制度不断向有利于生产的方向安排，就可能引起居民消费率下降，即人民生活质量的改善落后于经济发展的水平，同时也可能导致内需失衡，背离内需合理结构。但是，一味强调消费率提升而忽略经济增速，也是短视的。经济增长与人民生活水平提高是国家发展的不同目标，我们需要依据国家发展阶段综合考虑，在经济增速与居民消费率之间找到新的平衡，在一个相对合意的增速下，兼顾居民生活质量提升。而财政分权程度的安排，也应该是寻找这个平衡过程中的一环。

7 主要结论与政策建议

7.1 主要结论

本书以居民消费需求为研究对象，从税制结构、财政支出结构和政府间财政关系的角度，系统地探讨了财税体制对居民消费需求的影响。在理论分析方面，本书以包含政府支出的内生增长理论为基本分析框架，分别将要素税收、财政支出结构和地方政府的财政分权程度等因素纳入其中，通过动态最优化求解获得均衡条件，以此分析各因素对居民消费率的影响。在实证检验方面，本书以跨国面板数据、中国省级面板数据、中国县级面板数据为基础，测算了要素平均有效税率、财政支出结构以及地方政府的财政分权程度，并运用多种计量方法检验理论结论的正确性。本书的主要结论有以下三个：

第一，税制结构对居民消费的影响具有差异性。一方面，消费税税率和资本税税率的提高将导致居民消费率下降，劳动税税率的提高在较大的数值范围内会导致居民消费率下降。另一方面，各种税率对居民消费率的抑制强度有所不同。实证结果表明，排序是消费税强于资本税，资本税强于劳动税。实证结果支持了理论分析结论。

第二，财政生产性支出占比对居民消费产生抑制影响。按照能否直接作用于生产活动，本书将财政支出分为生产性支出和消费性支出两类。理论分析结论表明，当经济系统位于均衡增长路径时，财政生产性支出比重的提高会增加边际资本产品，刺激居民投资增加，在促进产出增长的同时，也会挤出居民消费，两方面的综合作用共同降低了居民消费率。基于省级面板数据和县级面板数据的实证结果，较好地支持了理论结论。

第三，财政分权对居民消费能够产生非线性影响。在理论分析中，本书将中央政府和地方政府的财政生产性支出同时作为生产要素纳入生产函数中，其最终的均衡分析结果表明，当经济位于均衡增长路径时，财政分权与居民消费率之间存在着"U"形关系，使边际生产率与经济增长率最大的财政分权程度正是使居民消费率最小的值。其中，财政支出结构影响着财政分权对居民消费的影响，使得居民消费最小的财政分权程度取决于不同层级政府的生产性支出倾向，一个政府层级的生产性支出倾向越高，使居民消费率最小的财政权利划分越向该级政府倾斜。实证结果较好地支持了理论结论。

7.2 政策建议

党的十九大报告指出，要完善促进消费的体制机制，增强消费对经济发展的基础性作用。因此，如何通过财税体制改革、完善相关财税政策来促进消费、扩大内需，显得尤为关键和重要。本书的研究结论表明，无论是政府的财政收支行为还是政府间财政关系的变动，都会对居民的消费行为产生影响。因此，为了促进消费、扩大内需，我们可以从完善税制、优化税制结构和财政支出结构、规范政府间财政关系等角度入手，通过改变政府的财政收支行为来激发居民的消费潜力。

7.2.1 深化减税政策与优化税制结构相结合

党的十八大以来，我国相继推出"营改增"改革、企业所得税改革、个人所得税改革、社保费率降低等减税降费措施，以减轻企业和居民的税负。其中，个税改革、社保降费增加了居民实际收入，而增值税减税、经营服务性收费降价降低了商品价格，这些都有效释放了消费需求（范子英，2019）。本书的研究结论将会为完善减税降费政策提供重要参考。

第一，减税政策有利于扩大居民消费。数值模拟结果表明，各种税收对居民消费均有抑制作用，减税不但是传统的供给侧管理的主要手段，同时它也会产生扩大有效需求的作用，产生"需求侧与供给侧"并重的结果。在当前全球面临增长动力不足、需求不振的情况下，减税降费是合理的选择。

第二，注重税种差异对居民消费率的影响。本书的分析结论表明，消费税率对居民消费的抑制作用较为突出，而资本税税率和劳动税税率相对较弱。目前，我国的消费税种以增值税为主，主要包括增值税、消费税、车辆购置税等；劳动税种以个人所得税为主；资本税种以企业所得税为主。这意味，以增值税税率降低为代表的减税政策对消费需求的影响更为显著。从税制结构的角度来看，增值税、消费税等属于间接税，构成了我国税制的主体税种。例如，2019年，增值税和消费税占税收收入的比重分别为39.46%和7.95%。而企业所得税、个人所得税等属于直接税，其占比相对较低，占税收收入的比重分别为23.61%、6.58%。党的十九届四中全会提出，要完善直接税制度，并逐步提高其比重。由此可见，逐步降低增值税税率并相应减少其在税收总收入中的比重，同时增加那些消费抑制作用较弱的直接税在总税收中的比重，不仅有助于刺激居民消费、扩大内需，还有助于优化税制结构。因此，本书的研究将有助于我们从扩大内需的角度来评判减税降费政策的有效性，并且将其与税制结构调整的长期影响结合起来。

第三，税制结构改革应当同"减税降费"政策结合起来。中国经济长期存在居民有效需求不足的情况，在税制结构上却以商品税为主，限于个人所得税和财产税改革的滞后，政府对居民资本所得和财产的征税程度很轻，而本书研究发现，对消费征税对居民消费产出比的抑制作用强于对资本征税。对此，从扩大国内有效需求的角度出发，本书建议，政府应将税制结构改革同"减税降费"政策的结构性调整结合起来，增强对增值税等流转税的减税力度，同时相对减少对所得税和财产税的减税力度，在扩大内需与税负减免之间寻求共同着力点。

7.2.2 优化财政支出结构，重在建立公共财政

财政生产性支出在经济增长中扮演着重要角色。长期以来，财政生产性支出通过投资公共基础设施、带动居民部门投资等，有效地带动了经济起飞。因此，扩大财政生产性支出也成为政府促进经济增长的重要手段。同时，在目前的经济发展中，存在着"高投资、低消费"的需求结构失衡现象以及由此衍生的供需失衡，研究表明其背后有一定的财政因素（吕冰洋 等，2014）。根据本书研究结论，提高财政生产性支出在刺激投资的同时，抑制了居民消费，这在一定程度上造成了供需结构失衡，存在一定的

弊端。因此，我们应审慎地看待政府对市场经济的干预程度，进一步优化财政支出结构。

第一，转变政府职能，注重平衡政府与市场之间的关系，防止政府"越位"。政府职能的转变往往通过财政支出结构的变化来体现。因此，优化财政支出结构，是顺应市场经济发展和实现政府职能转型的重要发展方向。从国际对比来看，我国财政支出中生产性支出所占比重远高于发达国家。以最能代表生产性支出的经济事务（economic affairs）支出为例，根据国际货币基金组织最新公布的"政府职能分类"（COFOG）数据，2017年中国的经济事务支出占比高达23.09%，而同期美国的经济事务支出占比仅为8.86%，比中国低了14.23个百分点；英国、德国、法国、日本分别为7.82%、7.25%、10.44%、9.34%，均不到中国占比的一半。由图7.1也可以发现，尽管中国的经济事务支出占比一直处于下降趋势，但仍远高于美国等其他发达国家。

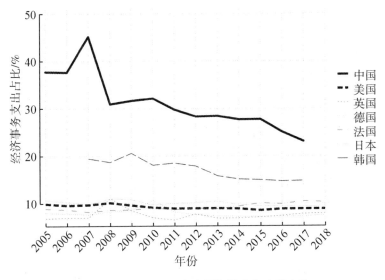

图 7.1 2005—2018 年各国经济事务支出占比

本书的研究结论表明，过高的财政生产性支出在一定程度上挤出了居民消费。因此，在未来的经济发展中，我国应进一步推动政府职能的转变，深化"放管服"改革，逐步减少财政生产性支出比重，增强政府部门为市场服务的本领，从而刺激居民消费、扩大内需。

第二，优化财政支出结构，注重平衡投资需求与消费需求之间的关系。本书的研究结论表明，财政生产性支出推动经济发展有催生内需失衡的可能性。提高财政生产性支出，会通过提升资本边际生产率来刺激企业投资，并改变居民的消费行为，扩大储蓄、减少消费，造成投资上升和消费下降。在目前的经济增长中，最终消费特别是居民消费在经济增长中发挥着越来越重要的作用，而投资的重要性相对减少。如图 7.2 所示，2014年以后，居民消费对 GDP 增长的贡献率远高于政府消费，甚至一度超过了资本，形成对 GDP 增长的贡献。

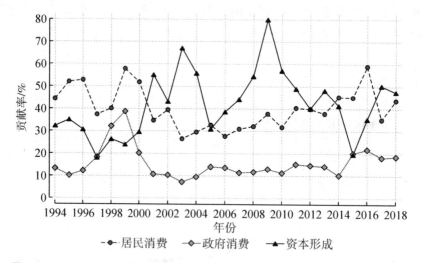

图 7.2　1994—2018 年居民消费、政府消费、资本形成对 GDP 增长的贡献情况

因此，我国政府应该通过优化财政支出结构，降低对企业投资的刺激，增强对居民消费需求的激励，从而平衡投资需求与消费需求之间的关系。

第三，加大民生性财政支出力度，以增强人民福祉为目标。满足居民需求，增强群众的获得感，是我们重要的政策目标之一。党的十九大报告指出，要永远把人民对美好生活的向往作为奋斗目标。用居民消费率来衡量居民福利，能够有效捕捉在社会总产出中居民部门所消费的份额，间接体现了相应的需求满足程度和效用提高程度。本书研究结论的现实意义就在于，通过优化财政支出结构，降低生产性支出比重，加大对医疗卫生、社会保障、环境保护、文体传媒等民生性支出的财政支持力度，能够"挤入"居民消费需求，从而扩大内需、提升居民消费福利，进而满足人民对美好生活的需要。

7.2.3 规范政府间财政关系，注重协调多重财政目标

改革开放以来，我国政府间财政关系的调整主要围绕一个主题展开，即调动中央政府和地方政府的积极性。中央政府和地方政府不仅在经济增长方面发挥着重要作用，而且在扩大内需方面也都扮演着重要角色。本书的研究结论表明，使资本边际生产率最大的财政分权程度会带来最高的经济增长率，但同时也会带来最低的居民消费率。这意味着，以政府财政生产性支出推动经济增长并非没有代价，有可能会催生内需失衡。

其一，要规范政府间财政关系，就要先平衡各政策目标之间的关系。现实中，财政政策往往面临着多目标情况，处理经济增长与居民消费率之间的关系需要更多智慧。经济增速最快的结果，并不意味着就是最合意的结果。居民消费率代表着居民可以从经济发展中分享到的相对成果，相较于消费本身，更能反映消费的水平是否与所处的经济发展水平相适应。一方面，如果财政分权制度不断向刺激产出增加的方向安排，而同时未有效增加居民消费，就可能引起居民消费率下降，造成人民消费水平的提高落后于经济发展的水平，同时也可能导致投资需求和消费需求结构失衡。另一方面，只追求居民消费率提升，忽略经济增速也是片面的。经济增长与扩大内需是国家发展的不同目标，我们需要依据国家发展阶段综合考虑，在经济增速与居民消费率之间找到新的平衡，即在一个相对合意的增速下，兼顾居民生活质量提升。

其二，要因地制宜地确定合理的财政分权程度。本书的研究结论表明，地方政府的财政分权程度取决于两个方面的因素，即政策目标（是经济增长速度还是居民消费率）以及中央政府和地方政府的财政支出结构（生产性支出占比）。在不同的政策目标下，财政分权程度的调整方向不同。就目前来看，中国目前的问题仍是高投资低消费形式的失衡，同时经济增长也面临着较大的下行压力。因此，对地方政府的财政分权程度应当采取结构性调整办法，对不同的区域采用不同的经济增速与居民消费率的组合。

参考文献

陈斌开，陆铭，钟宁桦，2010. 户籍制约下的居民消费 [J]. 经济研究，45 (S1)：62-71.

陈彦斌，肖争艳，邹恒甫，2003. 财富偏好、习惯形成和消费与财富的波动率 [J]. 经济学（季刊）(4)：147-156.

储德银，闫伟，2010. 财政支出的民生化进程与城乡居民消费：基于1995—2007 年省级面板数据的经验分析 [J]. 山西财经大学学报 (1)：15-21.

邓可斌，易行健，2012. 中国居民消费决定中的财政分权因素 [J]. 经济评论 (1)：86-97.

杜莉，潘春阳，张苏予，等，2010. 房价上升促进还是抑制了居民消费：基于我国 172 个地级城市面板数据的实证研究 [J]. 浙江社会科学 (8)：24-30.

范庆泉，周县华，潘文卿，2015. 从生产性财政支出效率看规模优化：基于经济增长的视角 [J]. 南开经济研究 (5)：26-41.

范子英，2019-06-05. 减税降费促进消费需求进一步释放 [N]. 成都日报 (006).

范子英，田彬彬，2013. 税收竞争、税收执法与企业避税 [J]. 经济研究，48 (9)：99-111.

范子英，张军，2009. 财政分权与中国经济增长的效率：基于非期望产出模型的分析 [J]. 管理世界 (7)：15-25.

方福前，2009. 中国居民消费需求不足原因研究：基于中国城乡分省数据 [J]. 中国社会科学 (2)：68-82.

方匡南，章紫艺，2013. 社会保障对城乡家庭消费的影响研究 [J]. 统计研究 (3)：51-58.

封福育，饶晓辉，2018. 习惯形成、跨期替代与农村居民消费：基于动态面板数据模型的实证分析 [J]. 当代财经 (11)：18-26.

付波航，方齐云，宋德勇，2013. 城镇化、人口年龄结构与居民消费：基于省际动态面板的实证研究 [J]. 中国人口资源与环境 (11)：108-114.

傅勇，2010. 财政分权、政府治理与非经济性公共物品供给 [J]. 经济研究，45 (8)：4-15.

傅勇，张晏，2007. 中国式分权与财政支出结构偏向：为增长而竞争的代价 [J]. 管理世界 (3)：4-12，22.

甘犁，刘国恩，马双，2010. 基本医疗保险对促进家庭消费的影响 [J]. 经济研究，45 (S1)：30-38.

高培勇，2018. 中国财税改革 40 年：基本轨迹、基本经验和基本规律 [J]. 经济研究，53 (3)：6-22.

官永彬，张应良，2008. 转轨时期政府支出与居民消费关系的实证研究 [J]. 数量经济技术经济研究，25 (12)：15-25.

郭婧，2015. 税制结构对经济增长影响的理论研究综述 [J]. 税务研究 (9)：120-125.

郭庆旺，吕冰洋，张德勇，2003. 财政支出结构与经济增长 [J]. 经济理论与经济管理 (11)：7-14.

郭新强，汪伟，杨坤，2013. 刚性储蓄、货币政策与中国居民消费动态 [J]. 金融研究 (2)：50-63.

韩立岩，杜春越，2012. 收入差距、借贷水平与居民消费的地区及城乡差异 [J]. 经济研究，47 (S1)：15-27.

郝枫，盛卫燕，2014. 中国要素替代弹性估计 [J]. 统计研究 (7)：12-21.

贺俊，刘亮亮，张玉娟，2016. 政府支出结构、分权通道与居民消费 [J]. 统计与信息论坛 (4)：30-35.

贺俊，王戴伟，2017. 最优宏观税负、政府支出结构和消费增长：基于内生增长模型的分析 [J]. 天津大学学报（社会科学版）(2)：105-109.

洪源，肖海翔，2009. 政府民生消费性支出对居民消费的影响：基于中国居民消费行为的视角 [J]. 财贸研究 (4)：73-80.

胡日东，苏梽芳，2007. 中国城镇化发展与居民消费增长关系的动态分析：基于 VAR 模型的实证研究 [J]. 上海经济研究 (5)：58-65.

胡书东，2002. 中国财政支出和民间消费需求之间的关系 [J]. 中国社会科学 (6)：26-32，204.

胡永刚，郭新强，2012. 内生增长、政府生产性支出与中国居民消费 [J]. 经济研究，47 (9)：58-72.

胡永刚，郭长林，2013. 财政政策规则、预期与居民消费：基于经济波动的视角 [J]. 经济研究，48 (3)：97-108.

黄少安，孙涛，2005. 非正规制度、消费模式和代际交叠模型：东方文化信念中居民消费特征的理论分析 [J]. 经济研究 (4)：57-65.

贾俊雪，张永杰，郭婧，2013. 省直管县财政体制改革、县域经济增长与财政解困 [J]. 中国软科学 (6)：27-34，57.

姜百臣，马少华，孙明华，2010. 社会保障对农村居民消费行为的影响机制分析 [J]. 中国农村经济 (11)：34-41.

蒋南平，王向南，朱琛，2011. 中国城镇化与城乡居民消费的启动：基于地级城市分城乡的数据 [J]. 当代经济研究 (3)：68-73.

雷潇雨，龚六堂，2014. 城镇化对于居民消费率的影响：理论模型与实证分析 [J]. 经济研究，49 (6)：44-57.

李程，2014. 我国二元经济条件下货币政策对消费需求的影响机制研究 [J]. 中央财经大学学报 (1)：36-43.

李春琦，张杰平，2009. 中国人口结构变动对农村居民消费的影响研究 [J]. 中国人口科学 (4)：16-24，113.

李建强，2016. 政府民生支出对居民消费需求的动态影响：基于状态空间模型的实证检验 [J]. 财经研究 (6)：103-112.

李江涛，孙启伟，纪建悦，2018. 住房价格、流动性约束与居民消费率：基于我国 34 个大中城市面板数据的门槛回归分析 [J]. 金融发展研究 (12)：25-29.

李江一，2017. "房奴效应"导致居民消费低迷了吗？ [J]. 经济学 (季刊)，17 (1)：405-430.

李普亮，郑旭东，2014. 税收负担、财政民生投入与城镇居民消费［J］. 税务与经济（1）：117-118.

李涛，陈斌开，2014. 家庭固定资产、财富效应与居民消费：来自中国城镇家庭的经验证据［J］. 经济研究，49（3）：64-77.

李文星，徐长生，艾春荣，2008. 中国人口年龄结构和居民消费：1989—2004［J］. 经济研究（7）：118-129.

李永友，丛树海，2006. 居民消费与中国财政政策的有效性：基于居民最优消费决策行为的经验分析［J］. 世界经济（5）：56-66.

廖信林，吴友群，王立勇，2015. 宏观税负、税制结构调整对居民消费的影响：理论与实证分析［J］. 财经论丛（6）：27-35.

林文芳，2011. 县域城乡居民消费结构与收入关系分析［J］. 统计研究（4）：49-56.

林毅夫，刘志强，2000. 中国的财政分权与经济增长［J］. 北京大学学报（哲学社会科学版）（4）：5-17.

刘冲，乔坤元，周黎安，2014. 行政分权与财政分权的不同效应：来自中国县域的经验证据［J］. 世界经济，37（10）：123-144.

刘厚莲，2013. 人口城镇化、城乡收入差距与居民消费需求：基于省际面板数据的实证分析［J］. 人口与经济（6）：63-70.

刘建民，毛军，王蓓，2015. 税收政策影响居民消费水平的区域效应研究：基于省级面板数据的分位数回归分析［J］. 财经理论与实践（2）：95-99.

刘胜，冯海波，2016. 税制结构与消费外溢：跨国证据［J］. 中国工业经济（6）：22-38.

刘宗明，2012. 财政分权、房价上涨与消费抑制［J］. 财经科学（2）：54-62.

娄峰，李雪松，2009. 中国城镇居民消费需求的动态实证分析［J］. 中国社会科学（3）：110-116，207.

罗楚亮，2004. 经济转轨、不确定性与城镇居民消费行为［J］. 经济研究（4）：100-106.

吕冰洋，马光荣，毛捷，2016. 分税与税率：从政府到企业［J］. 经济研究，51（7）：13-28.

吕冰洋，毛捷，2014. 高投资、低消费的财政基础 [J]. 经济研究，49 (5)：6-20.

毛捷，吕冰洋，陈佩霞，2018. 分税的事实：度量中国县级财政分权的数据基础 [J]. 经济学（季刊），17 (2)：55-82.

毛中根，孙武福，洪涛，2013. 中国人口年龄结构与居民消费关系的比较分析 [J]. 人口研究 (3)：82-92.

祁鼎，王师，邓晓羽，等，2012. 中国人口年龄结构对消费的影响研究 [J]. 审计与经济研究 (4)：96-104.

饶晓辉，刘方，2014. 政府生产性支出与中国的实际经济波动 [J]. 经济研究，49 (11)：17-30.

申琳，马丹，2007. 政府支出与居民消费：消费倾斜渠道与资源撤出渠道 [J]. 世界经济 (11)：75-81.

石奇，孔群喜，2012. 动态效率、生产性公共支出与结构效应 [J]. 经济研究，47 (1)：93-105.

宋长青，2018. 我国货币政策城乡消费差异效应研究 [J]. 西安财经学院学报 (6)：45-50.

孙国峰，张砚春，2011. 消费信贷部门的扩张是否提升了货币政策的效力？ [J]. 金融研究 (11)：62-73.

唐绍祥，汪浩瀚，徐建军，2010. 流动性约束下我国居民消费行为的二元结构与地区差异 [J]. 数量经济技术经济研究，27 (3)：82-96.

陶然，陆曦，苏福兵，等，2009. 地区竞争格局演变下的中国转轨：财政激励和发展模式反思 [J]. 经济研究，44 (7)：21-33.

汪伟，郭新强，2011. 收入不平等与中国高储蓄率：基于目标性消费视角的理论与实证研究 [J]. 管理世界 (9)：7-25，52.

汪伟，郭新强，艾春荣，2013. 融资约束、劳动收入份额下降与中国低消费 [J]. 经济研究，48 (11)：100-113.

王宏利，2006. 中国政府支出调控对居民消费的影响 [J]. 世界经济 (10)：32-40.

王明成，2012. 政府支出与私人消费关系的实证检验：基于财政分权的视角 [J]. 南房经济 (8)：76-86.

王麒麟，2011. 生产性公共支出、最优税收与经济增长 [J]. 数量经济技术经济研究，28 (5)：22-37.

王青，张郁，2010. 地方政府支出对居民消费影响的空间计量分析：辽宁省为例 [J]. 经济与管理评论 (2)：93-97.

王永钦，张晏，章元，等，2007. 中国的大国发展道路：论分权式改革的得失 [J]. 经济研究 (1)：4-16.

王宇鹏，2011. 人口老龄化对中国城镇居民消费行为的影响研究 [J]. 中国人口科学 (1)：66-75，114.

习近平，2016. 构建创新、活力、联动、包容的世界经济：在二十国集团领导人杭州峰会上的开幕辞 [J]. 中国财政 (17)：4-5.

谢贞发，范子英，2015，中国式分税制、中央税收征管权集中与税收竞争 [J]. 经济研究，50 (4)：92-106.

谢贞发，张玮，2015. 中国财政分权与经济增长：一个荟萃回归分析 [J]. 经济学 (季刊)，14 (2)：23-40.

严成樑，龚六堂，2009. 财政支出、税收与长期经济增长 [J]. 经济研究 (6)：4-15.

杨汝岱，陈斌开，2009. 高等教育改革、预防性储蓄与居民消费行为 [J]. 经济研究 (8)：114-125.

杨汝岱，朱诗娥，2007. 公平与效率不可兼得吗？：基于居民边际消费倾向的研究 [J]. 经济研究 (12)：47-59.

杨天宇，王小婷，2007. 社会保障对居民个人储蓄的影响：理论和实证研究综述 [J]. 当代经济管理 (2)：73-78.

易行健，杨碧云，2015. 世界各国（地区）居民消费率决定因素的经验检验 [J]. 世界经济 (1)：5-26.

殷德生，2004. 最优财政分权与经济增长 [J]. 世界经济 (11)：62-71.

油永华，2017. 基于微观面板数据的中国制造业要素替代弹性估计 [J]. 统计与决策 (5)：132-136.

余英，俞成锦，2016. 财政生产性支出、税制结构与居民消费增长 [J]. 产经评论，7 (1)：147-160.

苑德宇，张静静，韩俊霞，2010. 居民消费、财政支出与区域效应差异：

基于动态面板数据模型的经验分析 [J]. 统计研究 (2)：44-52.

臧旭恒, 李燕桥, 2012. 消费信贷、流动性约束与中国城镇居民消费行为：
　基于 2004—2009 年省际面板数据的经验分析 [J]. 经济学动态 (2)：
　63-68.

战岐林, 曾小慧, 2015. 基于中国工业微观数据的 CES 生产函数要素替代
　弹性估计 [J]. 统计与决策 (24)：31-35.

张乐, 雷良海, 2011. 中国人口年龄结构与消费关系的区域研究 [J]. 人
　口与经济 (1)：16-21.

张书云, 周凌瑶, 2010. 我国城镇化发展与农村居民消费关系的实证研究
　[J]. 农业技术经济 (11)：30-37.

张小宇, 刘永富, 2019. 货币政策的权衡：推高房价还是刺激消费 [J].
　财经科学 (5)：13-25.

张晏, 龚六堂, 2005. 分税制改革、财政分权与中国经济增长 [J]. 经济
　学 (季刊) (1)：75-108.

张宇, 2013. 财政分权与政府财政支出结构偏异：中国政府为何偏好生产
　性支出 [J]. 南开经济研究 (3)：37-52.

张治觉, 吴定玉, 2007. 我国政府支出对居民消费产生引致还是挤出效应：
　基于可变参数模型的分析 [J]. 数量经济技术经济研究 (5)：53-61.

章元, 王驹飞, 2019. 城市规模、通勤成本与居民储蓄率：来自中国的证
　据 [J]. 世界经济 (8)：25-49.

赵杨, 张屹山, 赵文胜, 2011. 房地产市场与居民消费、经济增长之间的
　关系研究：基于 1994—2011 年房地产市场财富效应的实证分析 [J]. 经
　济科学 (6)：30-41.

周黎安, 2004. 晋升博弈中政府官员的激励与合作：兼论我国地方保护主
　义和重复建设问题长期存在的原因 [J]. 经济研究 (6)：33-40.

周黎安, 2007. 中国地方官员的晋升锦标赛模式研究 [J]. 经济研究 (7)：
　36-50.

周黎安, 刘冲, 厉行, 等, 2015. "层层加码"与官员激励 [J]. 世界经济
　文汇 (1)：1-15.

周业安, 章泉, 2008. 财政分权、经济增长和波动 [J]. 管理世界 (3)：

6-15.

AKAI, NISHIMURA, SAKATA, 2007. Complementarity, fiscal decentralization and economic growth [J]. Economics of governance, 8 (4): 339-362.

ALM, EL-GANAINY, 2013. Value-added taxation and consumption [J]. International tax and public finance, 20 (1): 105-128.

ANGELOPOULOS, ECONOMIDES, KAMMAS, 2007. Tax-spending policies and economic growth: theoretical predictions and evidence from the OECD [J]. European journal of political economy, 23 (4): 885-902.

ARNOLD, BRYS, HEADY, et al., 2011. Tax policy for economic recovery and growth [J]. Economic journal, 121 (550): 59-80.

ATKINSON, STIGLITZ, 1976. The design of tax structure: direct versus indirect taxation [J]. Journal of public economics, 6 (1-2): 55-75.

BAILEY, 1971. National income and the price level [M]. New York: McGraw-Hill.

BAKSHI, CHEN, 1996. The spirit of capitalism and stock-market prices [J]. The American economic review, 86 (1): 133-157.

BARRO, 1990. Government spending in a simple model of endogenous growth [J]. Journal of political economy, 98 (5): 103-126.

BLANCHARD, 1990. Comments on "Can severe fiscal contractions be expansionary? Tales of two small European countries" [J]. NBER macroeconomics annual, 5: 111-116.

BLANCHARD, PEROTTI, 2002. An empirical characterization of the dynamic effects of changes in government spending and taxes on output [J]. Quarterly journal of economics, 117 (4): 1329-1368.

BLUNDELL, 2009. Assessing the temporary VAT cut policy in the UK [J]. Fiscal studies, 30 (1): 31-38.

BODMAN, 2011. Fiscal decentralization and economic growth in the OECD [J]. Applied economics, 43 (23): 3021-3035.

D'ACUNTO, HOANG D, WEBER M, 2017. The effect of unconventional fiscal policy on consumption expenditure [J]. ifo DICE report, 15 (1): 9-11.

DE HEK, 2006. On taxation in a two-sector endogenous growth model with endogenous labor supply [J]. Journal of economic dynamics & control, 30 (4): 655-685.

DEVARAJAN, SWAROOP, ZOU, 1996. The composition of public expenditure and economic growth [J]. Journal of monetary economics, 37 (2-3): 313-344.

DEVEREUX, LOVE, 1994. The effects of factor taxation in a two-sector model of endogenous growth [J]. Canadian journal of economics, 27 (3): 509-536.

DRISCOLL, KRAAY, 1998. Consistent covariance matrix estimation with spatially dependent panel data [J]. The review of economics and statistics, 80 (4): 549-560.

DRUKKER, PENG, PRUCHA, et al., 2013. Creating and managing spatial-weighting matrices with the spmat command [J]. Stata journal, 13 (2): 242-286.

FIORITO, KOLLINTZAS, 2004. Public goods, merit goods, and the relation between private and government consumption [J]. European economic review, 48 (6): 1367-1398.

FLAVIN, 1993. The excess smoothness of consumption: identification and interpretation [J]. The review of economic studies, 60 (3): 651-666.

GALÍ, LÓPEZ-SALIDO, VALLÉS, 2007. Understanding the effects of government spending on consumption [J]. Journal of the European economic association, 5 (1): 227-270.

GÓMEZ, 2007. Optimal tax structure in a two-sector model of endogenous growth [J]. Journal of macroeconomics, 29 (2): 305-325.

GÓMEZ, 2014. Optimal size of the government: the role of the elasticity of substitution [J]. Journal of economics, 111 (1): 29-53.

HAYEK, 1945. The use of knowledge in society [J]. American economic review, 35 (4): 519-530.

HUBBARD, JUDD, Hall, et al., 1986. Liquidity constraints, fiscal policy, and consumption [J]. Brookings papers on economic activity, 17 (1): 1-59.

KARRAS, 1994. Government spending and private consumption: some international evidence [J]. Journal of money, credit, and banking, 26 (1): 9-22.

KAYA, ŞEN, 2016. Taxes and private consumption expenditure: a component-based analysis for Turkey [J]. Turkish studies, 17 (3): 474-501.

LEE, GORDON, 2005. Tax structure and economic growth [J]. Journal of public economics, 89 (5-6): 1027-1043.

LEWIS, SEIDMAN, 1998. The impact of converting to a consumption tax when saving propensities vary: an empirical analysis [J]. International tax and public finance, 5 (4): 499-503.

LIU, 2014. Does competition for capital discipline governments? The role of fiscal equalization [J]. International tax and public finance, 21 (3): 345-374.

LIU, MARTINEZ-VAQUEZ, 2015. Growth-inequality tradeoff in the design of tax structure: evidence from a large panel of countries [J]. Pacific economic review, 20 (2): 323-345.

MARCOS, PRASAD, 2010. Why are saving rates of urban households in China rising? [J]. American economic journal: macroeconomics, 2 (1): 93-130.

MATSUZAKI, 2003. The effects of a consumption tax on effective demand under stagnation [J]. The japanese economic review, 54 (1): 101-118.

MENDOZA, RAZIN, TESAR, 1994. Effective tax rates in macroeconomics: cross-country estimates of tax rates on factor incomes and consumption [J]. Journal of monetary economics, 34 (3): 297-323.

MERTENS, RAVN, 2013. The dynamic effects of personal and corporate income tax changes in the United States [J]. American economic review, 103 (4): 212-247.

MUSGRAVE, 1959. The theory of public finance: a study in public economy [M]. New York: McGraw-Hill.

OATES, 1972. Fiscal federalism [M]. New York: Edward Elgar Publishing.

OATES, 1999. An essay on fiscal federalism [J]. Journal of economic literature, 37 (3): 1120-1149.

PEROTTI, 1999. Fiscal policy in good times and bad [J]. The quarterly journal of economics, 114 (4): 1399–1436.

POTERBA, 1988. Are consumers forward looking? Evidence from fiscal experiments [J]. American economic review, 78 (2): 413–418.

QIAN, ROLAND, 1998. Federalism and the soft budget constraint [J]. American economic review, 88 (5): 1143–1162.

QIAN, WEINGAST, 1997. Federalism as a commitment to preserving market incentives [J]. The journal of economic perspectives, 11 (4): 83–92.

QIAO, MARTINEZ–VAZQUEZ, XU, 2008. The tradeoff between growth and equity in decentralization policy: China's experience [J]. Journal of development economics, 86 (1): 112–128.

REVESZ, NASH, 2001. Markets and geography: designing marketable permit schemes to control local and regional pollutants [J]. Ecology law quarterly, 28 (3): 569–661.

ROSENBLATT, 1956. Remarks on some nonparametric estimates of a density function [J]. The annals of mathematical statistics, 27 (3): 832 – 837.

SCHCLAREK, 2007. Fiscal policy and private consumption in industrial and developing countries [J]. Journal of macroeconomics, 29 (4): 912–939.

STOILOVA, 2017. Tax structure and economic growth: evidence from the European Union [J]. Contaduría y administración, accounting and management, 62 (3): 1041–1057.

SUTHERLAND, 1997. Fiscal crises and aggregate demand: can high public debt reverse the effects of fiscal policy? [J]. Journal of public economics, 65 (2): 147–162.

TAGKALAKIS, 2008. The effects of fiscal policy on consumption in recessions and expansions [J]. Journal of public economics, 92 (5–6): 1486–1508.

THIEßEN, 2003. The impact of fiscal policy and deregulation on shadow economies in transition countries: the case of Ukraine [J]. Public choice, 114 (3–4): 295–318.

TIEBOUT, 1956. A pure theory of local expenditures [J]. Journal of political economy, 64 (5): 416-424.

TSUNG-WU, 2001. The government spending and private on consumption: a panel cointegration analysis [J]. International review of economics & finance, 10 (1): 95-108.

TURNOVSKY, 2000. Fiscal policy, elastic labor supply and endogenous growth [J]. Journal of monetary economics, 45 (1): 185-210.

TURNOVSKY, FISHER, 1995. The composition of government expenditure and its consequences for macroeconomic performance [J]. Journal of economic dynamics and control, 19 (4): 747-786.

XIE, ZOU, DAVOODI, 1999. Fiscal decentralization and economic growth in the United States [J]. Journal of urban economics, 45 (2): 228-239.

YOUNG, 2000. The razor's edge: distortions and incremental reform in the People's Republic of China [J]. The quarterly journal of economics, 115 (4): 1091-1135.

ZELDES, 1989. Consumption and liquidity constraints: an empirical investigation [J]. Journal of political economy, 97 (2): 305-346.

ZOU, 1995. The spirit of capitalism and savings behavior [J]. Journal of economic behavior and organization, 28 (1): 131-143.